rowohlts
monographien

HERAUSGEGEBEN
VON
KURT KUSENBERG

—

# OTTO VON BISMARCK

## IN SELBSTZEUGNISSEN UND BILDDOKUMENTEN

—

### DARGESTELLT VON WILHELM MOMMSEN

ROWOHLT

Herausgeber: Kurt Kusenberg
Redaktion: Beate Möhring
Die Bibliographie besorgte Klaus Malettke
Umschlagentwurf Werner Rebhuhn
Vorderseite: 1866 (Historisches Bildarchiv Lolo Handke, Bad Berneck)
Rückseite: 1886 (Historisches Bildarchiv Lolo Handke, Bad Berneck)

1.–15. Tausend   Oktober 1966
16.–20. Tausend  Mai 1967
21.–25. Tausend  August 1968
26.–30. Tausend  Dezember 1969
31.–35. Tausend  Mai 1971

Veröffentlicht im Rowohlt Taschenbuch Verlag GmbH,
Reinbek bei Hamburg, Oktober 1966
© Rowohlt Taschenbuch Verlag GmbH, Reinbek bei Hamburg, 1966
Alle Rechte an dieser Ausgabe vorbehalten
Gesetzt aus der Linotype-Aldus-Buchschrift
und der Palatino (D. Stempel AG)
Gesamtherstellung Clausen & Bosse, Leck/Schleswig
Printed in Germany
ISBN 3 499 50122 8

# INHALT

| | |
|---|---|
| VORWORT | 7 |
| DER JUNGE BISMARCK (1815–1847) | 8 |
| VEREINIGTER LANDTAG – DAS REVOLUTIONSJAHR – OLMÜTZ (1847–1851) | 18 |
| GESANDTER IN FRANKFURT, PETERSBURG UND PARIS (1851–1862) | 29 |
| VERFASSUNGSKONFLIKT – SCHLESWIG-HOLSTEIN (1862–1864) | 50 |
| DER ENTSCHEIDUNGSKAMPF MIT ÖSTERREICH UND SEINE VORGESCHICHTE (1865/66) | 61 |
| NORDDEUTSCHER BUND (1867–1870) | 79 |
| DEUTSCH-FRANZÖSISCHER KRIEG – REICHSGRÜNDUNG (1870/71) | 91 |
| DIE AUSSENPOLITIK UND DER AUFBAU DES BÜNDNISSYSTEMS (1871–1888) | 108 |
| INNENPOLITISCHER AUFBAU UND INNENPOLITISCHE KÄMPFE (1871–1888) | 120 |
| BISMARCKS STURZ | 138 |
| BISMARCK NACH DER ENTLASSUNG | 153 |
| ZEITTAFEL | 165 |
| ZEUGNISSE | 167 |
| BIBLIOGRAPHIE | 176 |
| NAMENREGISTER | 185 |
| QUELLENNACHWEIS DER ABBILDUNGEN | 187 |

1863

# VORWORT

Der hier vorgelegte Band über Bismarck ist eine wesentlich gekürzte Fassung meines Buches «Bismarck – ein politisches Lebensbild», das 1959 beim Verlag Bruckmann in München erschien. In dem Vorwort zu der damaligen Veröffentlichung wurde auf die Schwierigkeiten einer knappen Darstellung hingewiesen und gesagt, sie zwinge dazu, die Dinge vereinfachter zu schildern. Das gilt natürlich auch für diese verkürzte Ausgabe. Eine Auseinandersetzung mit der Literatur ist bei der gebotenen Knappheit ebenso unmöglich wie die Anführung von Belegen in Anmerkungen. Andererseits ist nicht darauf verzichtet worden, zahlreiche Bismarck-Äußerungen wörtlich anzugeben. Jeder fachlich interessierte Leser kann schon auf Grund der Daten die entsprechenden Stellen in den «Gesammelten Werken» Bismarcks nachprüfen.

Auch diese knappe Darstellung bekennt sich zu der methodischen Auffassung, daß nur gleichzeitige Äußerungen vollen Quellenwert für die behandelten Jahre haben. Jede Betrachtung von später her, nicht nur in *Erinnerung und Gedanke*, trägt die Gefahr der Verschiebung in sich; auch die Fachliteratur ist vielfach der Versuchung erlegen, Bismarcks Werk und seine Politik vom Erreichten, bzw. vom Ergebnis, her zu beurteilen. Manche Äußerung Bismarcks aus früheren Jahrzehnten bekommt einen anderen Klang, wenn man sie auf die spätere Reichsgründung und den Erfolg der preußisch-deutschen Politik Bismarcks bezieht. Bismarcks politische Haltung ist nicht immer so gradlinig gewesen, wie das spätere Betrachtung in falscher Schwarz- und Weißmalerei häufig dargestellt hat, wobei Bismarck mehrfach entweder zum «Eisernen Kanzler» oder zum großen Bösewicht gemacht wurde. Im Gegensatz dazu kommt die echte politische und menschliche Größe Bismarcks erst dann voll zum Ausdruck, wenn man die inneren Spannungen deutlich werden läßt, die dieses Leben allzeit bewegten. Bismarck selbst hat stets gewußt und mehrfach gesagt, daß auch der Staatsmann Geschichte nicht machen könne und daß der Politiker immer wieder mehrere Möglichkeiten vorsehen müsse. Das gilt im besonderen auch für die Frage, ob Bismarck schon relativ früh bewußt an die Schaffung eines Nationalstaates gedacht hat. Der Verfasser hat in mehreren Arbeiten darzulegen versucht, daß Bismarck dies mit Bewußtheit erst verhältnismäßig spät getan hat. Das mindert in keiner Weise die Bedeutung seiner Leistung, wie wir auch meinen möchten, daß die Kritik an den Schwächen seiner Innenpolitik die Größe seiner staatsmännischen Leistung in keiner Weise verdecken sollte.

# DER JUNGE BISMARCK
(1815–1847)

Die Familie Bismarck entstammte einem alten Adelsgeschlecht der Altmark. Vor Otto von Bismarck ist nie ein wirklich bedeutender Mann aus dieser Familie hervorgegangen. Bismarcks Vater Ferdinand war ein einfacher und wenig bedeutender Landedelmann, der die Stellung als Offizier im preußischen Heer früh aufgegeben hatte. Er heiratete 1806 Wilhelmine Mencken, eine Bürgerliche, deren Vater Geheimrat war und den Auffassungen des Reichsfreiherrn vom Stein nahestand. Neben dem robusten Landedelmann war seine Frau eine geistig gebildete und bedeutende Persönlichkeit, deren Ehrgeiz es war, aus dem Sohne etwas zu machen. Man hat oft darüber gestritten, welche Bedeutung diese Mischung in Veranlagung und Herkunft der Eltern für Bismarck gehabt hat. Diese Frage gehört zu den Geheimnissen der Natur, die menschlicher Verstand nie im einzelnen wird enträtseln können. Auch bei Bismarck scheint sich zu bestätigen, daß gerade aus der Mannigfaltigkeit geniale Persönlichkeiten erwachsen. Bismarck selbst hat sich später immer stärker zu seinem Vater hingezogen gefühlt, obwohl er sich dessen Primitivität bewußt war. Die Mutter hat allzusehr versucht, ihn zu führen und zu beeinflussen. Bismarck selbst hat später einmal gemeint: *Meine Mutter war eine schöne Frau, die äußere Pracht liebte, von hellem, lebhaften Verstande, aber wenig von dem, was der Berliner Gemüt nennt.*

Bismarck wurde am 1. April 1815 geboren, also im Jahr der endgültigen Niederwerfung Napoleons I. Er war das vierte Kind dieser kinderreichen Familie. Aus der Knabenzeit ist nichts Besonderes zu berichten, wenn man der Neigung widersteht, in die Frühzeit großer Persönlichkeiten allzuviel hineinzudeuten. Bismarck empfand sich bewußt als Angehöriger des Adels, aber sein Bildungsweg entsprach im wesentlichen dem Wunsch der Mutter und unterschied sich von dem bei preußischen Adeligen üblichen. Er ging zur Schule nach Berlin zunächst auf die Plamannsche Lehranstalt, dann auf das Friedrich-Wilhelm-Gymnasium und zuletzt auf das Graue Kloster. Im Kreise der Lehrer und Mitschüler ist Bismarck nicht besonders aufgefallen. Bismarck hat selbst später gemeint, er habe die Schule als Pantheist und mit der Überzeugung verlassen, daß die Republik die vernünftigste Staatsform sei. Er kritisierte damit rückblickend, daß die damaligen höheren Schulen mehr unter dem Einfluß des bürgerlichen Zeitgeistes und des Humanismus standen als unter dem konservativ-monarchischer Tradition. Daß er für die Republik Verständnis gewann, ist sicher eine Übertreibung.

Der Siebzehnjährige ging 1832 als Student nach Göttingen, wo er

Jura studierte. Von seinen Universitätslehrern hat Bismarck nur bei dem Historiker und Staatsrechtslehrer Heeren gehört, dessen Anschauungen vom europäischen Staatensystem ihn später in hohem Maße beherrschten. Im übrigen hat der junge Bismarck, der dem Corps Hanovera beitrat, von den Möglichkeiten des Studiums in der damals so berühmten Universitätsstadt kaum Gebrauch gemacht und sich ganz den Freuden des studentischen Lebens ergeben. Eine Anzahl mehr oder wenig geschmackvoller Studentenstreiche ist überliefert. Sie haben ihn gelegentlich mit den akademischen Behörden in Konflikt gebracht. Er hat sich selbst sehr offen und mit ausgesprochener Selbstironie über sein *liederliches Leben* ausgesprochen, in dem sich die Kraft seiner noch nicht entwickelten Persönlichkeit austobte. Zu seinem Freundeskreis gehörten neben den adeligen Corpsbrüdern zwei bedeutende Ausländer. Bismarck selbst hat schon damals ohne alle Eitelkeit ein Gefühl für seine innere Kraft gehabt; einem Jugendfreund schrieb er einmal: *Ich werde entweder der größte Lump oder der größte Mann Preußens.* Von politischen Auffassungen, die auf das spätere Werk des Reichsgründers weisen, finden sich noch keine Anzeichen. Soweit der junge Bismarck damals politisch Stellung nahm, fehlte jegliches Zeugnis für ein Denken, das über die Grenzen des preußischen Staates und seines Standes hinausführte. Bismarck schloß sein Studium in Berlin ab, ohne die wissenschaftlichen Möglichkeiten der Universität ausgenützt zu haben. Auch hier tobte er seine Kraftnatur aus. Im Studium beschränkte er sich auf das, was er für das Examen brauchte; das war damals noch sehr viel weniger üblich als heute. Er machte 1835 das Referendarexamen. Aus den Examensarbeiten erfahren wir wenig über seine Gedankengänge. Sie entstammten, wie leider häufig, mehr der Fragestellung des Lehrers als dem inneren Interesse des Prüflings. Bismarck wird innerlich gelächelt haben, daß man gerade ihm, der zum Leidwesen des Vaters Schulden machte, zur Aufgabe setzte, sich über die Notwendigkeit des Sparens zu äußern.

Die nächsten Jahre verlebte Bismarck an den Gerichten in Berlin und in Aachen. Sein Endziel war, Diplomat zu werden, da für ihn die andere Möglichkeit der Laufbahn eines jungen Adeligen, die Offizierskarriere, nicht in Frage kam. Bei den Gerichten wuchs seine Abneigung gegen jeden bürokratischen Zwang und gegen die Äußerlichkeiten geregelter Dienstzeit, die er stets beibehalten hat. Er hat Vorgesetzte nie ertragen können, und er ergab sich auch in Aachen ganz den Freuden des Lebens. Einer jungen Engländerin reiste er monatelang ohne geringsten Urlaub nach. Er hat dann den Dienst in Potsdam fortgesetzt. Seine Aachener Vorgesetzten erkannten seine Fähigkeiten an, meinten aber, er werde sich mehr an eine gewisse

Der Vater:
Karl Wilhelm
Ferdinand
von Bismarck

Schloß
Schönhausen

*Die Mutter:
Luise Wilhelmine
von Bismarck,
geb. Mencken*

*Das
Geburtszimmer
in Schloß
Schönhausen*

*Der Elfjährige. Kreidezeichnung von Franz Krüger, 1826*

Pünktlichkeit des Dienstes gewöhnen müssen. Mit der ihm eigenen Ehrlichkeit meinte Bismarck: *Die Aachener Regierung scheint mir ein beßres Zeugnis gegeben zu haben, als ich verdiente!*

1838 entschloß sich Bismarck, der bürokratischen Tätigkeit und dem Zwang des Staatsdienstes zu entsagen. Der Entschluß ist langsam gewachsen und von den Eltern nicht gebilligt worden. Er halte es für kein Glück, selbst Beamter und Minister zu sein. Die Tätigkeit des Beamten beschränke sich darauf, die administrative Maschinerie unselbständig fortzuschieben. *Ich will aber Musik machen, wie ich sie für gut erkenne, oder gar keine.* Diese Ablehnung der Bürokratie, die auch sonst im Adel verbreitet war, war bei Bismarck ein Zeichen für den Drang zu selbständiger Tätigkeit. Eine gewisse Neigung zu dem Beruf eines großen Staatsmanns spricht gelegentlich auch aus Äußerungen dieser Jahre. Wesentlich ist für ihn damals, daß er praktisch wirken will. Als Präsident und Minister komme man *nicht mit Menschen, sondern nur mit Papier und Tinte in Berührung.*

Bismarck hat dann viele Jahre als Landwirt gelebt und sich darauf durch ein erstaunlich umfangreiches Studium theoretisch vorbereitet. Diese Tätigkeit wurde unterbrochen durch ungern abgelegten Militärdienst, dem er sehr unregelmäßig nachkam. Auch in diese Jahre fallen zahlreiche Reisen und ein bewegtes Leben; die Nachbarn

*Das Gymnasium zum Grauen Kloster in Berlin*

Bismarcks Studentenwohnung
«Am Wall» in Göttingen

Als Göttinger Student.
Anonymes Gemälde,
um 1836

*Der Corpsstudent. Silhouette*

nannten ihn den «tollen Bismarck». Die Tätigkeit als Landwirt wurde ergänzt durch eine außerordentlich umfassende Lektüre geschichtlicher und philosophischer Werke sowie der großen Dichter. Vor allem las er Shakespeare und Byron, während er zu Goethe nie ein inneres Verhältnis bekommen hat. Der Vers, daß man sich vor der Welt ohne Haß verschließen könne, hat ihn entsetzt. Auch die radikalen Philosophen der Zeit, Strauß, Feuerbach und Bruno Bauer, wurden gelesen, wenn auch nicht immer verstanden. Er selbst sprach von seinem *nackten Deismus*.

Es zeigte sich auf die Dauer, daß trotz Reisen und Lektüre auch das Landleben seine inneren Kräfte nicht ausfüllte. Er meinte selbst, von der Täuschung über das arkadische Glück eines eingefleischten Landwirtes mit doppelter Buchführung sei er durch Erfahrung zurückgekommen. Seine Äußerungen aus den vierziger Jahren enthalten starke Selbstkritik, er treibe *willenlos auf dem Strom des Lebens*, heißt es einmal. Eine innere Wendung brachte seine Bekanntschaft mit einem pietistischen Freundeskreis und die Tatsache, daß er dabei Johanna von Puttkamer kennenlernte. Die Braut seines Freundes, Marie von Thadden, die mit Johanna eng befreundet war, versuchte, den

*Johanna von Puttkamer, 1847*

in religiösen Dingen noch sehr ketzerischen Otto von Bismarck zu bekehren. Erst ihre tödliche Erkrankung führte zu dem, was man Bismarcks Bekehrung zu nennen pflegt. Er gewann ein inneres Verhältnis zu Protestantismus und Christentum, allerdings ohne enge kirchliche Bindung. Die protestantisch-christliche Grundauffassung Bismarcks, die sich eng auch mit Verlobung und Heirat verband, ist aus seiner gesamten Haltung als Politiker und Staatsmann nicht hinwegzudenken, so wenig das Wort vom «christlichen Staatsmann» das Wesentliche faßt.

Marie von Thadden hatte den Freund mit Johanna von Puttkamer zusammengeführt. Bald nach ihrem Tode hat Bismarck im Dezember 1846 in einem oft besprochenen Werbebrief an Herrn von Puttkamer um Johannas Hand gebeten. Er hat dabei offen von seiner religiösen Entwicklung gesprochen und damit nur Dinge erwähnt, die dem künftigen Schwiegervater bekannt waren, der auch sonst gewisse Bedenken gegen die bisherige Lebensführung Bismarcks haben mußte. Bismarck hat wie stets sich auf den Empfänger einzustellen gewußt und Ehrlichkeit mit diplomatischem Geschick auch in diesem Werbebrief verbunden. Die Grundzüge dieses Werbebriefes entstammen sicherlich echtem Bekenntnis.

Im Juli 1847 folgte dann die Vermählung mit Johanna, die Bismarck seinem Bruder gegenüber als *eine Frau von seltnem Geist und seltnem Adel der Gesinnung* bezeichnet hat. Er hat in Johanna die Lebensgefährtin gefunden, die für sein gesamtes Dasein Hilfe und Ergänzung wurde, gerade deshalb, weil sie ihn nicht im eigentlichen Sinne des Wortes politisch beeinflussen wollte.

# VEREINIGTER LANDTAG – DAS REVOLUTIONSJAHR – OLMÜTZ
(1847–1851)

Einige Wochen vor der Hochzeit begann Bismarck seine öffentliche Tätigkeit; er war im Mai 1847 zum Mitglied des preußischen Vereinigten Landtags von der Ritterschaft gewählt worden. Der Vereinigte Landtag von 1847 war das erste wirklich große Parlament in der deutschen Geschichte. Die gemäßigten Liberalen besaßen das entschiedene Übergewicht. Die Gruppe der politischen Rechten, die für die Machtstellung der Krone und die Interessen des großgrundbesitzenden Adels eintrat, war nur verhältnismäßig schwach vertreten. Ihr gehörte Bismarck an, der zu seiner Enttäuschung zunächst nur zum Ersatzmann berufen worden war.

Bismarck hatte schon zuvor als Deichhauptmann eine Tätigkeit in den ständischen Körperschaften ausgeübt. Der spätere Verächter parlamentarischen Wesens wuchs also über ständische und parlamentarische Tätigkeit in das politische Leben hinein. Er stand damals durchaus auf der Seite der ständisch-konservativen Kräfte. Bismarcks erster Zeitungsartikel verteidigte das Recht des adeligen Grundbesitzers zur Parforcejagd auf den Gütern seiner Bauern. Er trat für die Beibehaltung der Patrimonialgerichtsbarkeit ein im Gegensatz zu liberalen Forderungen, aber auch zu absolutistischen Auffassungen. Bismarck nahm enge Beziehungen zu Leopold von Gerlach auf, dem intimen Freund Friedrich Wilhelms IV. Gerlach war Vertreter christlich-ständisch-konservativer Auffassungen und lehnte den Machtstaat ab.

Bismarck war im Vereinigten Landtag als extremer Anhänger der äußersten Rechten und als strammer Parteimann tätig. Allerdings schrieb er schon 1847 an seine Braut: *An Grundsätzen hält man nur fest, solange sie nicht auf die Probe gestellt werden; geschieht das, so wirft man sie fort wie der Bauer die Pantoffeln und läuft, wie einem die Beine von Natur gewachsen sind.* Zunächst kämpfte er allerdings rücksichtslos für die Rechte der Krone und die ständischen Rechte des Adels, deren Bewahrung für ihn selbstverständlich war.

Bekannt wurde Bismarck durch eine schroffe Rede, in der er entschieden die in dieser Form gar nicht ausgesprochene These angriff, daß das preußische Volk 1813 nur deshalb gegen die Fremdherrschaft gefochten habe, um eine Verfassung zu erlangen. Diese Rede hat begreiflicherweise einen Sturm in der Landtagssitzung herbeigeführt. Sie zeigte das Ungestüme seines Kampftemperaments in der damaligen Zeit ebenso wie die unerschütterliche Ruhe gegen alle Angriffe. Als er eine Zeitlang am Weiterreden gehindert wurde, zog er ein

*Als Abgeordneter der Ritterschaft von Jerichow zum
Ersten Vereinigten Landtag. Holzschnitt, 1847*

Zeitungsblatt aus der Tasche und las darin. Auch ein Teil seiner konservativen Freunde empfand, daß mit seiner Bemerkung die fraglichen Probleme ungebührlich vereinfacht wurden. Der Vorgang machte ihn aber als radikalen Kämpfer gegen Liberalismus und Verfassung allgemein bekannt. Seine damaligen Reden zeigten eine Kampfesleidenschaft, die kaum sachlich argumentierte und immer wieder den Zorn über die damaligen Verhältnisse und die Liberalen abreagierte.

Im Jahre 1848 wurde das natürlich noch deutlicher. Seine Reden 1848/49 verbanden ausgesprochene Kampfeslust mit Verachtung des Gegners. Die später trotz aller Schärfe Bismarcks fast nie fehlende Selbstbeherrschung vermißt man in der früheren Zeit. In einer

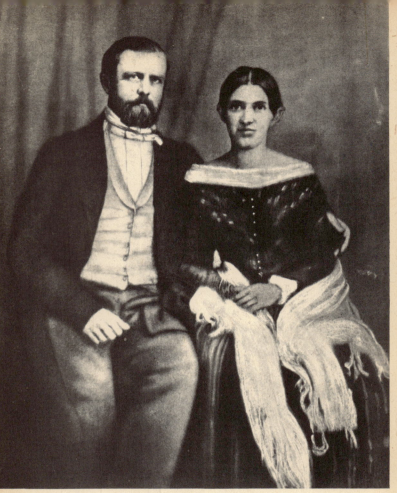

*Otto und Johanna von Bismarck. Daguerreotypie, 1848*

Debatte über die Judenemanzipation bekannte er sich mit einem gewissen Stolz dazu, daß er die Vorurteile mit der Muttermilch eingesogen habe. Er bekannte sich zum Gedanken des christlichen Staates und empfand den Kampf gegen den Juden, wie das damals allgemein war, im wesentlichen als einen konfessionellen. Ein Jude, der zu einem der christlichen Bekenntnisse übergetreten war, war für ihn kein Jude mehr. Seine innere Stimmung überschritt allerdings die christliche Begründung. Im Erfurter Parlament erfüllte es ihn mit Mißbehagen, daß er neben einem jüdischen Präsidenten als Schriftführer tätig war. Dieser Präsident war Simson, der später im Reiche Bismarcks der erste Präsident des Reichsgerichts werden sollte.

Im Revolutionsjahr 1848 war Bismarck der entschiedenste Kämpfer für Preußentum und Königstreue. Er wollte Bauern bewaffnet nach Berlin führen und war entsetzt über die Schwäche des Königs. Als die Königin den König entschuldigte, dieser habe zu wenig geschlafen, antwortete Bismarck robust: *Ein König muß schlafen können*. Er hatte kein rechtes Empfinden dafür, daß die Bewegung von 1848 von breiteren Schichten getragen war und verkannte ihren nationalen Grundzug. Er sprach von der *Begehrlichkeit der Besitzlosen*. Er ging völlig in preußisch-konservativen Vorstellungen auf. Er hat später ein Gedicht mitgeteilt, das preußische Offiziere in Potsdam anläßlich der Vorgänge vom 21. März gesungen haben sollen. Die wichtigsten Verse, die ohne Zweifel auch der Stimmung Bismarcks entsprachen, lauteten:

> «Da schnitt ein Ruf ins treue Herz hinein:
> Ihr sollt nicht Preußen mehr, sollt D e u t s c h e sein...
> Hier endet, Zollern, deines Ruhms Geschichte,
> Hier fiel ein König, aber nicht im Streit!»

Der König soll über Bismarcks damalige Haltung gesagt haben: «Nur zu gebrauchen, wenn das Bajonett schrankenlos waltet.»

Bismarck wurde nach den Revolutionstagen Mitglied der von den Gebrüdern Gerlach gebildeten «Kamarilla». In die preußische Nationalversammlung wurde er zu seinem Schmerze nicht gewählt. Er wurde Anfang 1849 Mitglied der Zweiten Kammer des Preußischen Landtags und war später auch Mitglied des Erfurter Parlamentes und noch mehrfach Mitglied der Zweiten Preußischen Kammer. In diese Zeit fällt die berühmte Rede über die Konvention von Olmütz, die den Höhepunkt seiner Tätigkeit als Parlamentarier bilden sollte. Er versuchte damals in jeder Weise, für die Macht der Krone und für die Vorrechte des Adels zu agitieren. Er beteiligte sich an der Gründung der «Kreuzzeitung», desgleichen an der Gründungsversammlung des «Vereins zum Schutz des Eigentums und zur Förderung des Wohlstandes aller Volksklassen», einem Verein, den der Volksmund nicht ohne Grund das Junkerparlament genannt hat. Die innenpolitischen Probleme standen für Bismarck damals völlig im Vordergrund. Die deutsche Frage wurde für ihn erst wichtig, als sie durch die Kaiserwahl in Frankfurt ein Gegenstand der preußischen Politik wurde.

Er wandte sich mit aller Entschiedenheit gegen alle liberalen und demokratischen Bestrebungen und meinte, die Volksmeinung, auf die sich die Bewegung von 1848 berief, sei mehr oder weniger ge-

*König Friedrich Wilhelm IV.
Gemälde von Franz Krüger*

macht worden. Jeder habe unter Volk verstanden, was gerade in seinen Kram paßte, gewöhnlich einen beliebigen Haufen von Individuen, die er für seine Ansicht gewinnen konnte. Die Verachtung der Volksmeinung hat ihn nun freilich nicht von Versuchen abgehalten, die öffentliche Meinung zu organisieren. Seinem Bruder schrieb er, er solle Adressen nach Berlin schicken, *recht viel einzelne Adressen, wenn auch jede nur wenig Unterschriften hat, womöglich von jeder Stadt, wenn auch nur mit einer Unterschrift, letztere werden nicht mit abgedruckt; Klappern gehört zum Handwerk.* Er verteidigte radikal die Rechte des adeligen Großgrundbesitzes und nannte die Steuerpolitik eine Art Konfiskation. Er sprach von dem Lottospiel der Wahlen und kritisierte scharf alle parlamentarischen Körperschaften. Die Hinrichtung Blums hat er nachdrücklich verteidigt. Andererseits zeigen zahlreiche Äußerungen, daß er von der politischen Begabung seiner adeligen Standesgenossen keine allzu hohe Meinung hatte. In Preußen fehle der ganze Stand, der in England Politik mache. Er wandte sich, wie viele Adelige, gegen den Absolutismus und gegen das Wort Friedrich Wilhelms I.: «Ich etabliere die Souveränität comme un rocher de bronze.» Er meinte, die Revolution stecke in dem Beamtentum und dem angeblich gebildeten Mittelstand der größeren Städte. Er wandte sich immer wieder gegen die Begehrlichkeit der unteren Schichten und meinte, die konstitutionelle Form sei die teuerste. Er bekämpfte die Zivilehe und war in diesen Auffassungen noch ganz von Stahl beeinflußt, dessen Staatsrechtslehre auch Friedrich Wilhelm IV. beeindruckt hatte.

Die innenpolitische Haltung bestimmte auch durchaus Bismarcks Stellungnahme zu den deutschen Plänen der Frankfurter Nationalversammlung. Er hat diese nicht, wie oft behauptet worden ist, deshalb bekämpft, weil er ihren innenpolitischen Weg ablehnte. Von seiner preußischen und konservativen Haltung her wollte er damals eine Lösung der deutschen Frage überhaupt nicht. In den Zeiten der tiefsten Erniedrigung der preußischen Macht gibt es einige Äußerungen, die nationalpolitische Klänge haben. Aber diese Ansätze verschwanden, als die weitere Entwicklung Bismarck wieder auf Preußen hoffen ließ. Jetzt kämpfte er ausschließlich für Preußens Stellung als Großmacht und gleichzeitig innenpolitisch gegen die Revolution. Die Pläne der Paulskirche bedrohten für ihn Preußen und dessen Stellung sowie dessen politischen Charakter.

Die eigentliche Beschäftigung mit der deutschen Frage setzte erst ein, als die Frankfurter Kaiserwahl zu Auseinandersetzungen in Berlin führte. Immer wieder berief er sich damals, im Gegensatz zu dem *deutschen Schwindel*, auf sein Stockpreußentum. *Preußen sind wir, und Preußen wollen wir bleiben!*, so hieß es einmal. Auch das Schicksal von Schleswig und Holstein, das die politische Bewegung so stark beschäftigte, betrachtete Bismarck nicht von nationalpolitischen Gesichtspunkten aus. Er empfand den Kampf der schleswig-holsteinischen Bevölkerung als Aufstand gegen ihren legitimen Herrscher, den dänischen König.

Bismarck war entschieden dagegen, daß der preußische König die Kaiserwahl der Frankfurter Nationalversammlung annahm. Gelegentlich hatte er Bedenken über die Haltung maßgebender Stellen, die der Schwindel der Paulskirche auch ergriffen habe. Im April 1849 meinte er, Preußen solle Preußen bleiben, und als solches sei es in der Lage, Deutschland Gesetze zu geben, ein in dieser Form neuartiger Ton. *Die deutsche Einheit will ein jeder, den man darnach fragt, sobald er nur Deutsch spricht; mit dieser Verfassung aber will ich sie nicht.* Tatsächlich wollte Bismarck nur die Einigkeit der deutschen Staaten und lehnte jegliche deutsche Politik ab, die die Macht und Selbständigkeit Preußens begrenzen würde.

Das zeigt ganz besonders Bismarcks Kampf gegen die Unionspolitik, die den ausweglosen Versuch machte, durch die preußische Regierung zu erreichen, was der Frankfurter Nationalversammlung mißlungen war. Bismarck hat den Leiter der Unionspolitik, von Radowitz, in jeder Weise bekämpft und mit Spott und Hohn behandelt. Auch hierbei bestimmte ihn ganz deutlich der preußisch-staatliche Gesichtspunkt, verbunden mit seinen innenpolitischen Auffassungen. Er verteidigte das spezifische Preußentum und war besorgt, daß das preußische Königtum in der *fauligen Gärung süddeutscher Zuchtlosigkeit* verschwinden würde. Er habe noch keinen deutschen Soldaten singen hören: «Was ist des Deutschen Vaterland?» Als ein liberaler Abgeordneter Bismarck einen verlorenen Sohn Deutschlands

*Einzug der Abgeordneten der deutschen Nationalversammlung in die Frankfurter Paulskirche am 18. Mai 1848.
Zeitgenössische Zeichnung*

nannte, antwortete er: *Mein Vaterhaus ist Preußen, und ich habe mein Vaterhaus noch nicht verlassen und werde es nicht verlassen.* Einige Zeit zuvor hatte er gemeint, man solle sich an den schlichten Preußenverstand und nicht an die gemütliche Seite der Frage und an die deutschen Herzen wenden. Es gibt keine schärfere Kritik der damaligen deutschen Bestrebungen als derartige Äußerungen, bei denen sich preußischer Partikularismus und innenpolitische Kampfeslust eng verbanden. Bismarck besaß noch kein Empfinden dafür, daß die preußische Politik damals ebensowenig realistisch war wie die der

Liberalen. Er wollte auf das allerengste mit Rußland zusammengehen und lebte noch wie die Gerlachs durchaus im Bewußtsein der konservativen Solidarität der großen Monarchien.

Es gibt freilich schon 1849 eine Reihe von Äußerungen Bismarcks, die die innenpolitische Bindung zu überwinden scheinen. An seine Frau schrieb er, die deutsche Frage werde in der Diplomatie und im Felde entschieden; in einer Kammerrede meinte er, Friedrich der Große habe sich nicht für die Unionspolitik eingesetzt, sondern an die *hervorragendste Eigentümlichkeit preußischer Nationalität, an das kriegerische Element in ihr gewandt. Er würde gewußt haben, daß noch heute, wie zu den Zeiten unserer Väter, der Ton der Trompete, die zu den Fahnen des Landesherrn ruft, seinen Reiz für ein preußisches Ohr nicht verloren hat, mag es sich nun um eine Verteidigung unserer Grenzen, mag es sich um Preußens Ruhm und Größe handeln. Er hätte die Wahl gehabt, sich nach dem Bruch mit Frankfurt an den alten Kampfgenossen, an Österreich, anzuschließen, dort die glänzende Rol-*

*Die erste deutsche Nationalversammlung in der Paulskirche.
Präsident war Heinrich Freiherr von Gagern. Lithographie, 1848*

le zu übernehmen, welche der Kaiser von Rußland gespielt hat, im Bunde mit Österreich den gemeinsamen Feind, die Revolution, zu vernichten. Oder es hätte ihm freigestanden, mit demselben Recht, mit dem er Schlesien eroberte, nach Ablehnung der Frankfurter Kaiserkrone den Deutschen zu befehlen, welches ihre Verfassung sein solle, auf die Gefahr hin, das Schwert in die Waagschale zu werfen. Dies wäre eine nationale preußische Politik gewesen. Sie hätte Preußen im ersten Fall in Gemeinschaft mit Österreich, im andern Falle durch sich allein die richtige Stellung gegeben, um Deutschland zu der Macht zu helfen, die ihm in Europa gebührt. Hier meldete sich schon deutlich die politische Fragestellung an, die sich dann in den fünfziger Jahren entwickeln sollte. In derselben Rede sprach er davon, der *preußische Adler* solle *seine Fittiche von der Memel bis zum Donnersberge schützend und herrschend* ausbreiten. Das ist die erste Andeutung, daß er ein preußisches Übergewicht im deutschen Norden anstrebe. Im ganzen bewegte sich aber Bismarcks Haltung noch durchaus auf der Linie seiner engeren Freunde, im besonderen Leopold von Gerlachs, die sich keineswegs auf den großen preußischen König berufen wollten und bestrebt waren, einen Kampf mit Österreich im Interesse der gemeinsamen innenpolitischen Zielsetzungen beider Mächte zu vermeiden.

In diesem Sinne hat Bismarck auch am 3. Dezember 1850 die Olmützer Punktation vom November 1850 verteidigt, in der Preußen seine Unionspolitik aufgab und sich unter dem Druck Rußlands mit Österreich verständigte; das bedeutete eine schwere Niederlage der preußischen Politik. Trotzdem hat Bismarck in der berühmten Rede in der Zweiten Kammer diese Konvention großartig und geschickt verteidigt, wobei ihm vielleicht nicht voll bewußt war, daß sie machtpolitisch eine Niederlage des preußischen Staates bedeutete. Er hat später gemeint, er habe damals unter dem Eindruck gestanden, daß das preußische Heer einem Kampfe nicht gewachsen sei. Aber der eigentliche Grund für Bismarcks Haltung war, daß er in diesen Tagen ganz im Zeichen der innenpolitischen Solidarität gegen die *schwarzrotgoldene Demokratie* stand, und er hat mit allen Mitteln dahin gewirkt, daß der Friede erhalten blieb. Als Radowitz entlassen wurde, hat er gejubelt. In Briefen an seine Frau stellte er den deutschen Schwindel und die Wut auf Österreich nebeneinander. Der Friede liege auch im Interesse *unserer Partei*. Konservative Armeen sollten sich nicht gegenseitig zerfleischen, er kenne keine Ehre, *die darin besteht, daß man den Weg der Revolution mit Worten verdammt und mit Taten geht*. Preußen und Österreich sollten sich unter voller Gleichberechtigung miteinander auf Kosten der kleineren Staaten versöhnen.

*Leopold von Gerlach*

Trotz der starken innenpolitischen Bindung seiner außenpolitischen Haltung enthält die Rede Formulierungen, die eine Lösung von der außenpolitischen Welt seiner konservativen Freunde bedeutete. *Die einzig gesunde Grundlage eines großen Staates, und dadurch unterscheidet er sich wesentlich von einem kleinen Staate, ist der staatliche Egoismus und nicht die Romantik, und es ist eines großen Staates nicht würdig, für eine Sache zu streiten, die nicht seinem eigenen Interesse angehört.* Es sei leicht für einen Staatsmann, in die Kriegstrompete zu stoßen und donnernde Reden zu halten und *es dem Musketier, der auf dem Schnee verblutet, zu überlassen, ob sein System Sieg und Ruhm erwirbt oder nicht. Es ist nichts leichter als das, aber wehe dem Staatsmann, der sich in dieser Zeit nicht nach einem Grunde zum Kriege umsieht, der auch nach dem Kriege noch stichhaltig ist.* Er wandte sich dagegen, daß man Österreich als Ausland bezeichne, dessen Monarchen er den Erben einer langen Reihe deutscher Kaiser nannte. *Es ist eine seltsame Bescheidenheit, daß man sich nicht entschließen kann, Österreich für eine deutsche Macht zu halten. Ich kann in nichts anderem den Grund hiervon suchen, als daß Österreich das Glück hat, fremde Volksstämme zu beherrschen, welche in alter Zeit durch deutsche Waffen unterworfen wurden.* Diese Äußerung Bismarcks, die man zu Unrecht im großdeutschen Sinne ausgedeutet hat, sah im deutlichen Gegensatz zu den Stimmungen der Zeit in Österreich nicht den durch deutsche Bevölkerung bestimmten Staat, sondern die Großmacht, die oft und glorreich das deutsche Schwert geführt hat.

All diese Auffassungen waren aber noch völlig eingebettet in die übliche innenpolitische Polemik. Die preußische Ehre bestehe darin, sich jeder schmachvollen Verbindung mit der Demokratie zu enthalten. Österreich und Preußen seien die gleichberechtigten Schutzmächte Deutschlands. Bismarck glaubte damals an die echte Gleichberechtigung beider Mächte und war bereit, sie auf Kosten der kleineren deutschen Staaten zu erkaufen. Als Freund Österreichs ging Bismarck dann bald darauf als Bundestagsgesandter nach Frankfurt. Er hatte schon 1849 sein Familiengut verpachtet und war nach Berlin gezogen. Er hatte also schon in den Stürmen der Revolutionszeit den Beruf des Landedelmanns aufgegeben.

# GESANDTER IN FRANKFURT, PETERSBURG UND PARIS
(1851–1862)

1851 wurde Bismarck Gesandter am Frankfurter Bundestag. Es war, wie er selbst schrieb, der im Augenblick wichtigste Posten der preußischen Diplomatie. Es war sehr ungewöhnlich, daß eine Persönlichkeit, der jede diplomatische Vorbildung fehlte, auf einen derartigen Posten berufen wurde. Der Vorschlag ging von Leopold von Gerlach aus, der in Bismarck den Mann sah, der nach wie vor in Gemeinschaft mit Österreich den Kampf gegen die Revolution führen werde. Bismarck ging, wie er selbst später sagte, *im Stande politischer Unschuld* nach Frankfurt.

In den innenpolitischen Auffassungen Bismarcks änderte sich zunächst nichts gegenüber der Zeit von 1848. Er blieb bis 1852 Mitglied der Zweiten Preußischen Kammer und kämpfte nach wie vor radikal und auch sehr persönlich. Eine politische Auseinandersetzung mit dem führenden liberalen Politiker von Vincke führte sogar 1852 zu einem Duell, das freilich keine Folgen hatte. Bismarck bekannte sich nach wie vor zum Junkertum, kritisierte das konstitutionelle System und meinte einmal, das preußische Volk werde die großen Städte zum Gehorsam bringen, *und sollte es sie vom Erdboden tilgen*. Diese Äußerung trug Bismarck den Namen «Städtevertilger» ein. Auf der anderen Seite tadelte er immer wieder den Absolutismus und setzte ihn mit der liberalen Bürokratie gleich. In den Tagen der Berufung nach Frankfurt meinte er mit Selbstverspottung, *daß ich Geheimer Rat werden muß, ist eine Ironie, mit der mich Gott für all mein Lästern über Geheime Räte straft.*

Als Bismarck nach Frankfurt kam, glaubte er an die Gleichberechtigung Österreichs und Preußens. Seit der Zeit der Hohenstaufen habe es keine Periode in der deutschen Geschichte gegeben, in der Deutschland sich größeren Ansehens erfreut habe. Dieses Urteil sollte sich bald ändern, als er selbst im Bundestag saß. Man beschäftigte sich nur mit Lappalien. Bismarck sprach von Scharlatanerie und Wichtigtuerei der superklugen Bundestagsmenschen, die alle mit Wasser kochten. Er kritisierte das gesellschaftliche Leben in Frankfurt, die Tanzlustigkeit der Frankfurter Diplomaten und den bürgerlichen Charakter der dortigen Gesellschaft. Er müsse mit den Frauen seiner Lieferanten eine Quadrille tanzen. Er habe das Vergnügen, *über die Zuvorkommenheit dieser Damen meine bittern Gefühle über die hohen Rechnungen und die schlechten Waren ihrer Gatten zu vergessen.* Es war der Stolz des Junkers gegenüber der bürgerlichen Gesellschaft der alten Reichsstadt, in der der höfische Adel fehlte. Trotz alldem

*Klemens, Fürst von Metternich.
Stich von August Huessener*

fühlte sich Bismarck zunächst sehr wohl und schrieb an Gerlach, er lebe wie *Gott in Frankfurt.*

Das wichtigste Problem für den neuen Bundestagsgesandten war natürlich die Haltung zu Österreich, das den Präsidialgesandten stellte. Vor 1848 hatte es Österreich vermieden, die zweite deutsche Großmacht am Bundestag zu überstimmen, obwohl im Zeitalter Metternichs die Überlegenheit Österreichs eindeutig war. Bismarck hatte bei Beginn seiner Frankfurter Zeit den alten Staatskanzler Metternich auf seinem Schloß Johannisberg besucht und sich mit ihm offensichtlich recht gut verstanden. Auch Metternich verurteilte die Haltung seines Nachfolgers Schwarzenberg, der die Überlegenheit Österreichs mit Nachdruck betonte. Nach den Vorgängen von 1848 und nach der Kaiserwahl empfanden die österreichischen Politiker Preußen als Nebenbuhler und wollten es sichtbar auf den zweiten Platz zurückdrücken. Bismarck sprach schon bald von der Einführung rücksichtsloser Majoritätenherrschaft, die den Bund ruinieren müsse. Er erkannte, daß Österreich nicht daran dachte, die Gleichberechtigung Preußens anzuerkennen, was er bei seiner Ankunft in Frankfurt geglaubt hatte. Bismarcks erstes Bestreben in Frankfurt war, für diese Gleichberechtigung einzutreten. Er kämpfte dafür mit kleinen und mit großen Mitteln, so daß der russische Vertreter gelegentlich sagte, Bismarck habe nach Studentenmanier gehandelt. Seine Frankfurter Kollegen meinten, das schroffe Auftreten des jungen preußischen Vertreters sei ein Ausdruck der Tatsache, daß ihm die eigentliche diplomatische Erziehung fehlte. Bismarck betonte diese Gleichberechtigung mit dem österreichischen Präsidialgesandten Graf Thun gelegentlich auch äußerlich mit sehr drastischen Mitteln.

Der Kampf für diese Gleichberechtigung, nicht etwa die Vorbereitung eines Kampfes um die Vorherrschaft in Deutschland, war der eigentliche Inhalt der Tätigkeit Bismarcks am Bundestag. Schon Ende November kam es zwischen Bismarck und Thun zu grundsätzlichen Auseinandersetzungen, über die Bismarck nach Berlin berichtete: *Er sprach wie Posa und entwickelte großdeutsche Schwärmerei; ich vervollständigte seinen Ideengang dahin, daß die Existenz Preußens, und noch weiter der Reformation, ein bedauerliches Factum sei, wir beide könnten es aber nicht ändern, und müßten nach Tatsachen, aber nicht nach Idealen rechnen, und ich bäte ihn zu überlegen, ob die Resultate, die Östreich auf den Hock'schen Wegen w i r k l i c h erreichen werde, die Annehmlichkeit des preußischen Bündnisses aufwiegen würden; denn ein Preußen, welches, wie er sich ausdrückte, «der Erbschaft Friedrich des Großen entsagte», um sich seiner wahren providentiellen Bestimmung als Reichs-Erz-Kämmerer hingeben zu können, bestehe in Europa nicht, und ehe ich zu einer derartigen Politik zu Hause riete, würde die Entscheidung durch den Degen vorhergehn müssen. Thun habe Preußen mit einem Manne verglichen, der einmal das große Los gewonnen habe und sich auf die jährliche Wiederkehr dieses Ereignisses einrichte. Er habe geantwortet, wenn das die Ansichten in Wien wären, dann werde Preußen noch einmal in dieser Lotterie setzen müssen.* Es war das erste Mal, daß Bismarck von der Möglichkeit eines Krieges mit Österreich sprach, obwohl ihm klar war, daß unter Friedrich Wilhelm IV. eine derartige Politik nicht geführt werden konnte. An der Äußerung Thuns hat ihn vermutlich im besonderen verletzt, daß er den Kern an Wahrheit empfand, der sich darin verbarg. Er hat in den nächsten Jahren gelegentlich das

*Graf Thun. Fotografie, 1863*

Goethe-Zitat auf Preußen angewandt: *Wir sind heruntergekommen und wissen doch selber nicht wie.*

Bismarck hat damals einen Bruch mit Österreich nicht gewollt und auch nicht vorbereitet. Er machte die innenpolitischen Zustände in Österreich für dessen Haltung verantwortlich. Den Bund hat er aber sehr bald nur als Hemmschuh für eine preußische Politik empfunden und war geneigt, eine bundesfremde Politik zu befürworten. Seiner Schwester schrieb er, das bekannte Lied von Heine: «O Bund, du Hund, du bist nicht gesund!» werde bald durch einstimmigen Beschluß zum Nationallied der Deutschen erhoben werden. Er meinte, man solle die Befriedigung der preußischen Bedürfnisse auf dem Wege der Separatverträge suchen *innerhalb des uns durch die Natur angewiesenen geographischen Gebiets*. Er berichtete Gerlach von den Differenzen mit Österreich, *wodurch dann früher oder später der Bundeskarren, an dem das preußische Pferd nach vorn, das österreichische nach hinten zieht, in Trümmer gehen muß*. Er selbst hat freilich mit allen Mitteln in dieser Richtung gewirkt. Bei Verhandlungen über die Rechte der Presse setzte Bismarck durch, daß Angriffe auf den Bestand des Bundes nicht mehr bestraft werden sollten. Er selbst spottete über sich, daß er in diesem Zusammenhang für die freie Presse schwärmte. Er kritisierte die egoistische Politik aller deutschen Staaten, die sich auf deutsche Politik berufe, aber damit nur das eigene Interesse meine. In ähnlicher Weise hat er später als Reichskanzler von dem Mißbrauch des Wortes Europa durch die großen Mächte gesprochen. Bismarck hat sich stets offen dazu bekannt, das Interesse des eigenen Staates zu vertreten, aber auch bei dem anderen dieselbe Haltung vorausgesetzt.

Bismarck hat in der Frankfurter Zeit eine großartige Berichtstätigkeit entfaltet, von amtlichen Schreiben bis zu Privatbriefen. Aus den Berichten der österreichischen Vertreter, für die Bismarck ganz gewiß kein leichter Gegenspieler war, wissen wir, daß die Tonart seiner Äußerungen nicht immer dem entsprach, was der Gesandte nach Hause berichtete. Seine Haltung war durchaus ehrlich und wahrhaftig, aber er hat schon damals seine Gegenspieler gerade dadurch gebluff t, daß er sich allzu offen aussprach. Der englische Staatsmann Disraeli hat einmal gesagt: «Nehmen Sie sich vor dem Manne in acht. Er will das, was er sagt, wirklich ausführen.» Bismarck selbst meinte einmal, es sei schwer, die Österreicher von der Unrichtigkeit der auf veralteten Traditionen beruhenden Theorie des Lügens in der Diplomatie zu überzeugen.

In der Frankfurter Zeit stand Bismarck vor der Schwierigkeit, daß seine betont *borussische* Haltung bei Friedrich Wilhelm IV. kein Verständnis finden konnte. Schon deshalb war ihm klar, daß er unter diesem König nicht Minister werden könne. Später meinte er, Friedrich Wilhelm IV. habe von ihm unbedingten Gehorsam verlangt. *Er sah in mir ein Ei, was er selbst gelegt hatte und ausbrütete, und würde bei Meinungsverschiedenheiten immer die Vorstellung gehabt haben, daß das Ei klüger sein wolle als die Henne.* Ein andermal heißt es: *Ja, wenn man so über das Ganze disponieren könnte! Aber unter einem Herrn seine Kraft verpuffen, dem man nur mit Hilfe der Religion gehorchen kann.* Diese Stimmung Bismarcks erklärt sich mit aus seinen Sorgen über die preußische Politik in den Zeiten des Krimkrieges. Er hat sich mit aller Entschiedenheit dafür eingesetzt, daß Preußen nichts gegen Rußland tun solle. *Es würde mich ängstigen, wenn wir vor dem möglichen Sturm dadurch Schutz suchten, daß wir unsre schmucke und seefeste Fregatte an das wurmstichige alte Orlogschiff von Östreich koppelten. Wir sind die besseren Schwimmer von beiden und j e d e m ein willkommener Bundesgenosse.* Die großen Krisen schüfen das Wetter, welches Preußens Wachstum fördere.

In der Zeit des Krimkrieges standen am Bundestag die Vertreter der Mittelstaaten meist auf der Seite der von Bismarck betriebenen Politik, sich nicht durch Österreich in einen Krieg hineinführen zu lassen. Für Bismarck verband sich allerdings damit der Gesichtspunkt, die enge Verbindung zwischen Rußland und Österreich zu lockern, die vor dem Krimkrieg Preußens Stellung eingeengt hatte. Er hoffte, daß der Gegensatz zwischen Österreich und Rußland sich schärfer ausprägen werde. Das war eine Voraussetzung für die politischen Erfolge Bismarcks im Zeitalter der Reichsgründung. Er hat schon während des Krimkrieges mit aller Entschiedenheit dafür gewirkt, daß sich Preußen nicht in einen Gegensatz zu Rußland hineintreiben lasse.

Bismarck warnte in diesem Zusammenhang immer wieder vor der weichlichen Gefühlspolitik Friedrich Wilhelms IV. Gleichzeitig verschärfte sich sein Gegensatz zu den damaligen Machthabern in Österreich. Als Preußen bei Abschluß des Krimkrieges nicht zu der Pariser Konferenz eingeladen wurde, war Bismarck auf das äußerste verbittert und verglich seine eigene Stimmung mit der vom Frühjahr 1848. Wenig später hat er in einem großen Bericht darauf hingewiesen, daß Österreich der einzige Staat sei, an den Preußen nachhaltig verlieren und von dem es nachhaltig gewinnen könne. *Der deutsche Dualismus hat seit 1000 Jahren gelegentlich, seit Karl V. in jedem Jahrhundert, regelmäßig durch einen gründlichen inneren Krieg seine gegenseitigen Beziehungen reguliert, und auch in diesem Jahrhundert wird kein andres als dieses Mittel die Uhr der Entwicklung auf ihre richtige Stunde stellen können.* Er wollte ganz gewiß damals keinen Krieg herbeiführen, zumal er wußte, daß das unter Friedrich Wilhelm IV. unmöglich war. Aber er stellte sich doch deutlich darauf ein, daß ein solcher Kampf um die Probleme des deutschen Dualismus einmal geführt werden müßte, wobei nun freilich diese Äußerung im Gegensatz zu mancher Mißdeutung von der Regulierung des deutschen Dualismus, nicht von seiner Beseitigung sprach. In einem anderen Briefe an seinen Freund von Gerlach verlangt er eine Abgrenzung des Einflusses in Deutschland vermöge einer geographischen oder politischen Demarkationslinie. Ein guter Krieg wie der Siebenjährige schüfe wenigstens klare Verhältnisse zwischen Preußen und Österreich.

Aus dem Freunde Österreichs war jetzt der unbedingte Feind Habsburgs geworden, wobei die Hoffnung kaum noch anklang, daß durch eine andere österreichische Innenpolitik eine Wandlung möglich sei. Preußen bleibe *immer zu dick, um Östreich so viel Spielraum zu lassen, als es erstrebt. Unsre Politik hat keinen andern Exerzierplatz als Deutschland... Wir atmen einer dem andern die Luft vor dem Munde fort, einer muß weichen oder vom andern «gewichen werden».* Das bedeutet allerdings noch nicht, daß Bismarck den Weg gehen wollte, den er selbst 1866 beschritten hat. Das Wort vom tausendjährigen Dualismus, das ja unpräzis ist, ging wohl von der Vorstellung vom Gegensatz des nördlichen und südlichen, des protestantischen und katholischen Deutschland aus, den er um Jahrhunderte zurückdatierte. Er wollte den Dualismus nicht beseitigen, sondern die Uhr der Entwicklung auf ihre richtige Stunde stellen. Dabei dachte Bismarck sichtlich daran, daß das nördliche Deutschland als das natürliche Machtgebiet Preußens zu bezeichnen sei. Preußen sei nicht saturiert, was schon ein Blick auf die Landkarte zeige. In dieser Lage hat Bismarck auch an eine politische Fühlungnahme mit dem Frankreich Napoleons III. gedacht. Die Auffassung anderer Mächte, daß Preußen und Frankreich nie zusammengehen könnten, schwäche die Stellung Preußens. Bismarck hat von Frankfurt aus zweimal Paris aufgesucht und Napoleon III. gesprochen. Er gewann mit Recht den Eindruck, daß der Neffe des großen Napoleon harmloser und weniger bedeutend sei, als man damals allgemein annahm.

Die Fühlungnahme Bismarcks mit Napoleon III. führte zu einer berühmten Auseinandersetzung mit Gerlach über das Problem einer innenpolitisch bestimmten Prinzipienpolitik. Für Gerlach war Napoleon III. der Repräsentant des revolutionären Prinzips und ein Verhandeln mit ihm Teufelei. Im Gegensatz zu seinem alten Freunde vertrat Bismarck den Gesichtspunkt, daß innenpolitische Überzeugungen in Fragen der Außenpolitik keine Rolle spielen dürften. Frankreich interessiere ihn nur insoweit, als es auf die Lage Preußens rea-

giere. *Sympathien und Anthipathien in betreff auswärtiger Mächte und Personen vermag ich vor meinem Pflichtgefühl im auswärtigen Dienste meines Landes nicht zu rechtfertigen, weder an mir noch an andern. Es ist darin der Embryo der Untreue gegen den Herrn oder das Land, dem man dient.* Er wehrte sich gegen den Vorwurf, daß er ein Bonapartist sei. Er sei preußisch und sein Ideal für auswärtige Politik sei die Vorurteilsfreiheit, die Unabhängigkeit der Entschließungen von den Eindrücken der Abneigung oder der Vorliebe für fremde Staaten. Napoleon sei nicht der einzige Repräsentant der Revolution, überall in der Welt gebe es Existenzen, die in revolutionärem Boden wurzelten. *Viele der* (in seinem Briefe) *berührten Zustände sind eingealtert, und wir haben uns an sie gewöhnt; es geht uns damit, wie mit allen d e n Wundern, welche uns täglich 24 Stunden lang umgeben, deshalb aufhören, uns wunderbar zu erscheinen, und niemand abhalten, den Begriff des «Wunders» auf Erscheinungen einzuschränken, welche durchaus nicht wunderbarer sind, als die eigene Geburt und das tägliche Leben des Menschen.*
Mit dieser großartigen Begründung vollzog Bismarck den Bruch mit dem prinzipiell bestimmten Gedankengut seines Freundes Gerlach und damit auch mit dem des damaligen preußischen Königs. *Wir müssen mit den Realitäten wirtschaften und nicht mit Fiktionen.* Man hat diese Auseinandersetzung als den Sieg seiner Realpolitik bezeichnet, ein Ausdruck, der in manchem mißverständlich ist. Bismarck blieb auf dem Boden seiner monarchisch-konservativen und protestantischen Weltanschauung, aber er wehrte sich mit aller Entschiedenheit dagegen, daraus eine doktrinär beschränkte Außenpolitik zu begründen. In Bismarcks außenpolitischem Denken vollzog sich, was man nicht immer beachtet, eine Entwicklung, die sich damals überall in Europa durchsetzte. Auch Rußland brach damals mit der Prinzipienpolitik, die es an die Seite Österreichs geführt hatte.
Bismarck war in dieser Auseinandersetzung keineswegs gewillt, mit Gerlach zu brechen, dem er schrieb, er lasse mit sich reden und wolle Unrecht abtun, wenn ihm die Erkenntnis davon werde. Von Gerlach her gesehen war Bismarck allerdings keineswegs dazu bereit. Seine Haltung in Frankfurt und seine Ratschläge nach Berlin wurden immer schärfer. Er lehnte in jeder Form auch ein taktisches Zusammengehen mit Österreich ab. Ein österreichischer Vertreter nannte Bismarcks Sprache «miserabel und kaum glaublich». Bismarcks österreichischer Gegenspieler Graf Rechberg meinte 1862: «Wenn Herr v. Bismarck eine vollständige diplomatische Erziehung hätte, so wäre er einer der ersten Staatsmänner Deutschlands, wenn nicht der erste; er ist mutig, fest, hochstrebend, voll Feuer, aber unfähig, eine vorgefaßte Idee, ein Vorurteil, eine Parteianschauung irgendeinem

*Bismarcks Kinder: Marie, Herbert und Wilhelm in Frankfurt am Main*

Grundsatze höherer Ordnung zu opfern; er besitzt keinen praktischen politischen Sinn, er ist ein Parteimann im stärksten Sinne des Wortes.» Rechberg meinte offensichtlich, daß Bismarck nicht mehr bereit war, sich dem höheren Gesichtspunkt einer konservativen Regierungspolitik zu fügen. Drastischer hat sich später ein anderer Gegenspieler Bismarcks, Prokesch, in Frankfurt geäußert: «Er würde, wenn ein Engel vom Himmel herabgestiegen wäre, ihn ohne preußische Kokarde nicht eingelassen haben, und würde dagegen dem Satan selbst, zwar mit Verachtung, aber doch die Hand gereicht haben, wenn dieser dem preußischen Staate ein deutsches Dorf zugeschanzt hätte.» Prokesch empfand also den preußischen Grundcharakter der Haltung Bismarcks sehr deutlich. Bismarck hat sie nie verleugnet und sich mit Nachdruck dagegen gewandt, daß man sich durch ein *Lügen-*

*system* gegenseitig irreführe, indem jeder von der Opferbereitschaft für Deutschland, nicht von dem eigenen Interesse spreche.

Die außenpolitische Lage seit dem Ende des Krimkrieges hatte Österreich ziemlich isoliert. Die Heilige Allianz war, wie Bismarck befriedigt feststellte, tot. Die Handlungsfreiheit Preußens war allerdings durch die Krankheit König Friedrich Wilhelms IV. und durch die Tatsache gehemmt, daß erst die Errichtung der Regentschaft 1858 dem späteren König Wilhelm die Freiheit politischen Handelns gab. Die innenpolitische Umorientierung, die der Prinzregent zunächst vorzubereiten schien, nahm Bismarck den Rückhalt in Berlin. Der Prinzregent hat von Bismarck wenig freundlich gesprochen, und seine Gemahlin Augusta haßte Bismarck seit 1848. Das von dem Prinzregenten 1858 verkündete Programm der moralischen Eroberungen Preußens in Deutschland stand deutlich im Gegensatz zu der Tonart, mit der Bismarck in Frankfurt vorging. Bismarck hat trotzdem immer wieder versucht, im Sinne seiner politischen Ziele auf Berlin einzuwirken, und unter anderem darauf hingewiesen, Preußen könne durch liberale Haltung so weite Ziele stecken, daß Österreich unmöglich darauf eingehen könne. Österreich solle sich hüten, Preußen auf die Bahn eines liberalisierenden Werbens um die nationalen Sympathien Deutschlands herauszufordern. Es würde Preußen wenig Mühe kosten, Österreich auf diesem Gebiete zu überflügeln.

Ende März 1858 hat Bismarck dem Prinzen Wilhelm eine ausführliche Denkschrift eingereicht, die als «das kleine Buch des Herrn von Bismarck» bezeichnet wird. Sie wird auf den Regenten schwerlich Eindruck gemacht haben, wenn er diese langen Ausführungen überhaupt gelesen hat. Die Denkschrift zeigte freilich ganz besonders deutlich die Prägnanz der Ausdrucksweise Bismarcks, seine Fähigkeit zu treffenden Bildern und Vergleichen und seinen hervorragenden Stil. Bismarck bezeichnete es als Fiktion, daß der Bundestag und Deutschland identisch seien. *Die preußischen Interessen fallen mit denen der meisten Bundesländer, außer Österreich, vollständig zusammen, aber nicht mit denen der Bundesregierungen, und es gibt nicht Deutscheres als gerade die Entwickelung richtig verstandener preußischer Partikularinteressen.* Er forderte eine unabhängige preußische Politik und deutete den Gedanken an, die freiheitlichen Einrichtungen im Interesse Preußens gegen Österreich und den Bund zu benutzen. In einem Gespräch vom März 1859 hieß es einmal, das deutsche Volk sei der beste Bundesgenosse Preußens. Er wollte mit den deutschen Staaten auf bundesfremdem Wege verhandeln, wie das einst beim Deutschen Zollverein der Fall gewesen sei. Später forderte er den preußischen Ministerpräsidenten auf, die Treibhauspflanzen der Bundespolitik der freien Luft der öffentlichen

Meinung auszusetzen. Er deutete sogar an, daß man auch in der schleswig-holsteinischen Frage eine der nationalen Auffassung mehr entsprechende Haltung einnehmen könnte.

Da der Prinzregent ein gutes Verhältnis zu Österreich wünschte, konnten derartige Vorschläge in Berlin keinen Eindruck machen. Seit der Bildung des Ministeriums der Neuen Ära war Bismarcks Stellung in Berlin unsicher geworden. Seine Haltung in Frankfurt hatte ihm den Haß der österreichischen und mittelstaatlichen Politiker zugezogen. Seine Taktik stand gewiß im Gegensatz zu der Absicht des Prinzregenten, in Deutschland moralische Eroberungen zu machen. Bismarck war damals bei den Vertretern der anderen deutschen Staaten so unbeliebt wie nur irgend denkbar. Schließlich gelang es dem Einfluß der österreichischen Diplomatie in Berlin, die Abberufung des unbequemen Bundestagsgesandten durchzusetzen, und zwar in Formen, die Bismarck als eine Niederlage der eigenen Politik empfand. Obwohl er Gesandter in Petersburg werden sollte, was als der oberste Posten der preußischen Diplomatie galt, sprach er von einer Kaltstellung an der Neva. Es sei alles hinterrücks abgemacht. In der Tat hatte der österreichische Vertreter in Berlin von der Versetzung früher gewußt als der Preuße selbst. Bismarck sah in ihr mit gutem Grund einen Erfolg der österreichischen Politik, der ihn von seiner eigentlichen Aufgabe trennte. Bei der Abschiedssitzung des Frankfurter Bundestages verzichtete Bismarck auf die bei einem derartigen Anlaß üblichen phraseologischen Bemerkungen. Dem österreichischen Präsidialgesandten blieb nichts anderes übrig, als das Konzept seiner Abschiedsrede für Bismarck in der Tasche zu behalten.

Bismarck hatte sich in den letzten Tagen in Frankfurt mit dem italienischen Vertreter Arm in Arm gezeigt, was bei dem bevorstehenden Krieg zwischen Österreich auf der einen und Frankreich und Italien auf der anderen Seite natürlich demonstrativ wirkte. Im Mai 1859 hat Bismarck an den Generaladjutanten des Prinzregenten geschrieben: *Die gegenwärtige Lage hat wieder einmal das große Los für uns im Topf, falls wir den Krieg Östreichs mit Frankreich sich scharf einfressen lassen und dann mit unserer ganzen Armee nach Süden aufbrechen, die Grenzpfähle im Tornister mitnehmen und sie entweder am Bodensee oder da, wo das protestantische Bekenntnis aufhört vorzuwiegen, wieder einschlagen.* Die Einwohner dieser Gebiete würden sich für Preußen besser schlagen als für ihre frühere Obrigkeit, besonders wenn der Prinzregent das Königreich Preußen in Königreich Deutschland umtaufen werde. Bismarck, der dabei offensichtlich die partikularen Gegenkräfte in den protestantischen Gebieten unterschätzte, wollte seinen Plan, die Grenzpfähle im Torni-

*Wilhelm, Prinz von Preußen. Stich von Weger*

ster mitzunehmen, mit Rücksicht auf den katholischen Süden begrenzen. Wenn Bayern für dieses System zu dick sei, könne man es herauslassen. Bismarck wollte also ebenso wie damals Ferdinand Lassalle den Krieg zwischen Frankreich und Österreich gegen die habsburgische Macht ausnützen. Bismarck hatte einst gemeint, die großen Krisen schüfen das Wetter, das die preußische Machtpolitik begünstigte. Trotzdem hätte er wohl schwerlich die in diesem Privatbrief vorgeschlagene Politik befolgt, wenn er damals Leiter der preußischen Außenpolitik gewesen wäre. Andererseits zeigt dieser Brief deutlich seine großpreußisch-protestantische Zielsetzung. Er wollte keineswegs die Grenzen des späteren kleindeutschen Nationalstaates anstreben. Die Begrenzung preußischer Machtpolitik auf den deutschen Norden und den überwiegend protestantischen Teil des deut-

*Der Winterpalast in St. Petersburg*

schen Gebiets sollten noch 1866 eine sehr erhebliche Rolle spielen. Trotzdem zeigt dieser Brief Bismarcks Entwicklung vom Freund Österreichs zu dessen erbittertsten Gegenspieler und zugleich die Überwindung jeder dogmatisch eingeengten Machtpolitik. Bismarcks Warnung, sich nicht gegen Rußland zu stellen, hatte jetzt keinen innenpolitischen Klang mehr. Jedoch mußte das politische Tätigkeitsfeld auch für Bismarcks persönliche Entwicklung noch ausgeweitet werden durch Erfahrungen, für die der Frankfurter Schauplatz nicht ausreichte. Diese Ausweitung brachte die Ernennung zum preußischen Gesandten in Petersburg.

Man darf nicht vergessen, daß trotz der Kampfstellung gegen Österreich Bismarck auch am Ende der Frankfurter Tätigkeit keineswegs den Krieg mit Österreich vorbereitete. Sein Ziel blieb nach wie vor, die Uhr des deutschen Dualismus richtig zu stellen, nicht ihn zu beseitigen. Allerdings bezeichnete er jetzt gelegentlich Österreich als Ausland. Andererseits sprach er von der Hoffnung, daß die Erfahrungen des Krieges mit Frankreich Österreich dazu veranlassen könnten, eine ehrlichere Politik gegenüber Preußen zu treiben.

Bismarck war Ende März 1859 in Petersburg eingetroffen und hatte dort zunächst sehr gute Eindrücke. *Das Einzige, was mich erbittert, ist, daß man auf der Straße nicht rauchen darf.* Das Rauchen auf der Straße galt damals auch außerhalb Rußlands als Zeichen revolutio-

1859

närer Gesinnung. Bismarck wurde in der kaiserlichen Familie in Petersburg sehr freundlich aufgenommen. Seine Petersburger Tätigkeit wurde allerdings durch eine lange Krankheit unterbrochen. Er blieb fast ein Jahr seinem Petersburger Posten fern, zumal er in Berlin bereits als Ministerkandidat festgehalten wurde.

In den ersten Monaten seiner Petersburger Tätigkeit war Bismarck bemüht, ähnlich wie in den Zeiten des Krimkrieges ein Eingreifen Preußens zugunsten Österreichs zu verhindern. Das werde Rußland nicht dulden. Preußen sei nicht reich genug, um seine Kräfte in Kriegen aufzureiben, *die uns nichts einbringen*. Er sprach von der Möglichkeit, die Lage zu einer Beseitigung des Bundes auszunutzen. *Ich sehe in unserm Bundesverhältnis ein Gebrechen Preußens, welches wir früher oder später ferro et igni werden heilen müssen, wenn wir nicht beizeiten in günstiger Jahreszeit eine Kur dagegen vornehmen.* Er dachte an eine Scheidung von dem von Österreich und den Mittelstaaten beherrschten Bundestag, er war andererseits recht resigniert über die damalige preußische Außenpolitik. *Wir bleiben Treibholz, auf unsern eignen Gewässern, planlos umhergeblasen von fremden Winden; und was für ruppige Winde, übelriechende.*

Bismarck verteidigte sich damals immer wieder gegen die ihm in der Presse gemachten Vorwürfe einer einseitigen außenpolitischen Bindung. Er bezeichnete es als eine Ehre, von den Feinden Preußens gefürchtet zu werden, und wies den Vorwurf zurück, er wolle das linke Rheinufer den Franzosen preisgeben. In einer letzten Auseinandersetzung mit Leopold von Gerlach rechtfertigte er sein Urteil über Napoleon III., den man nicht überschätzen dürfe. Echte preußische Politik habe vom Standpunkt der politischen Nützlichkeit auszugehen. Er wolle kein Bündnis mit Frankreich, aber man müsse sich die Möglichkeit offenhalten, *weil man nicht Schachspielen kann, wenn einem 16 Felder von 64 von Hause aus verboten sind.* Die Entstehung eines italienischen Staates sei für die preußische Politik nützlich, womit er sich durchaus im Gegensatz zu den Auffassungen seiner konservativen Freunde befand. Im Dezember 1860 schrieb er an den Minister: *In betreff der* **inneren** *preußischen Politik bin ich, nicht bloß aus Gewohnheit, sondern aus Überzeugung und aus Utilitätsgründen so konservativ, als mir mein Landes- und Lehnsherr irgend gestattet, und gehe grundsätzlich bis in die Vendée, quand même, d. h. auch für einen König, dessen Politik mir nicht gefiele; aber nur für* **meinen** *König. In betreff der Zustände aller* **andern** *Ländern aber erkenne ich keine Art* **prinzipieller** *Verbindlichkeit für die Politik eines Preußen an; ich betrachte sie lediglich nach Maßgabe ihrer Nützlichkeit für preußische Zwecke.*

Er kritisierte im September 1861 die durchweg negative Fassung des konservativen Parteiprogramms, das nur sage, was man nicht wolle. Das System der Solidarität der konservativen Interessen sei eine gefährliche Fiktion. Er wandte sich gegen den *Souveränitätenschwindel* der deutschen Fürsten und trat für eine Anzahl gemeinsamer Institutionen ein. *Ich sehe außerdem nicht ein, warum wir* **vor der Idee einer Volksvertretung, sei es im Bunde, sei es in einem Zollvereinsparlament, so zimperlich zurückschrecken.** Er wollte die anderen deutschen Regierungen mit einer Volksvertretung am Bundestag ängstigen und der gesamten Strömung der Zeit entgegenkommen, die auf eine Belebung des Nationalgefühls drängte. Er sprach zum erstenmal den Gedanken aus, das übrige Deutschland ohne Österreich in irgendeiner Form zusammenzuschließen. Man könne die Lösung dieser Schwierigkeit unter Mitwirkung einer Nationalversammlung versuchen. *Minder hoffnungslos ist vielleicht das Bestreben, auf dem Wege, auf welchem der Zollverein entstand, die Herstellung anderweiter nationaler Einrichtungen zu bewirken.* Bismarck dachte also an Verhandlungen Preußens mit den übrigen Einzelstaaten neben und gegen den Frankfurter Bundestag.

Im Gegensatz zur Revolutionszeit, wo er immer wieder von seinem spezifischen Preußentum sprach, finden sich jetzt Formulierungen, die das preußische und das deutsche Interesse gleichsetzen. Schon im Sommer 1860 hatte Bismarck gemeint: *Auf die Dauer haben wir jedenfalls nur eine zuverlässige Stütze ... das ist die nationale Kraft des deutschen Volkes, solange es in der preußischen Armee seinen Vorkämpfer und die Hoffnung seiner Zukunft erblickt und solange es nicht erlebt, daß wir Gefälligkeitskriege für andre Dynastien als die Hohenzollernsche führen.* Im März 1861 deutete er an, die habsburgische Monarchie solle ihr Schwergewicht nach Ungarn verlegen.

Diese politischen Pläne und Andeutungen entstanden zu einem Zeitpunkt, an dem Preußen in wachsendem Maße in innenpolitische Schwierigkeiten kam. Um die Frage der Heeresreform, die für den Prinzregenten seine eigenste Sache war, entzündete sich der Verfassungskonflikt. Der Kriegsminister von Roon, der eigentliche Gegenspieler der Liberalen in der Neuen Ära, trat dafür ein, Bismarck zum Minister zu machen. Aber der Prinzregent hatte eine Scheu vor diesem Schritte, da ihm Bismarck irgendwie unheimlich war. *Er hielt mich für fanatischer, als ich war,* hat Bismarck in seinem Erinnerungswerk gemeint. Dabei nahm Bismarck damals trotz seiner konservativen Grundhaltung mit Rücksicht auf die deutsche Politik eine Haltung ein, die mindestens den Gegensatz zu den Liberalen nicht verschärfen wollte, und zweifelte, ob der Wunsch des Königs nach einer Erbhuldigung in Königsberg, über den die Liberalen entsetzt waren, sehr glücklich sei. Er meinte, nur durch eine Schwenkung der preußischen Außenpolitik könne die preußische Krone dem Andrang im Innern begegnen. *Politische Unreife hat viel Anteil an diesem Stolpern über Zwirnsfäden; aber seit 14 Jahren haben wir der Nation Geschmack an Politik beigebracht, ihr aber den Appetit nicht befriedigt, und sie sucht die Nahrung in den Gossen. Wir sind fast so eitel wie die Franzosen; können wir uns einreden, daß wir auswärts Ansehn haben, lassen wir uns im Hause viel gefallen.* Er empfahl nachdrücklich eine Außenpolitik, die von dynastischen Sym-

*Als Gesandter in Paris, 1862*

pathien unabhängiger werde. Der Widerstand des Abgeordnetenhauses in der Militärfrage werde sofort erlöschen, wenn der König die Verwendung der Armee zur Unterstützung einer Politik im Sinne des Nationalvereins in Aussicht stellen wolle. Diese Auffassung beurteilte die Haltung der Volksvertretung durchaus richtig; andererseits wollte Bismarck mit ziemlich scharfen Mitteln gegen die oppositionellen Abgeordneten vorgehen. In absehbarer Zeit solle, so schrieb er an Roon, durch seine Ernennung gezeigt werden, daß der König weit entfernt sei, den Kampf aufzugeben. *Das Zeigen eines neuen Bataillons in der ministeriellen Schlachtordnung macht dann vielleicht einen Eindruck, der jetzt nicht erreicht würde; besonders wenn vorher etwas mit Redensarten von Octroyiren und Staatsstreichen gerasselt wird, so hilft mir meine alte Reputation von leichtfertiger Gewalttätigkeit, und man denkt, «nanu geht's los». Dann sind alle Zentralen und Halben zum Unterhandeln geneigt.* Es war freilich noch keineswegs so weit. Auch neigte Bismarck im Ernst nicht dazu, in der Schärfe vorzugehen, an die er hier als Druckmittel dachte.

Bismarck war im März 1862 von Petersburg abberufen worden, aber noch immer konnte sich König Wilhelm nicht entschließen, Bismarck zum Minister zu ernennen. Er wurde im April 1862 nach Paris versetzt und blieb hier bis zum September 1862 preußischer Gesandter. Es waren in Paris Ferienmonate, und für den Gesandten gab es nicht allzuviel zu tun. Bismarck benutzte den Besuch der Londoner Weltausstellung zu Gesprächen mit maßgebenden englischen Persönlichkeiten. Bismarck hatte seine Familie nicht nach Paris mitgenommen, und auf Grund einer Bemerkung des Königs konnte er damit rechnen, daß er in absehbarer Zeit zum Minister ernannt würde. Er schrieb immer wieder mit Ungeduld im besonderen an Roon, man solle sich entscheiden. Seiner Frau gegenüber, die alles andere wünschte als seine Ernennung zum Minister, meinte er, wenn er Minister werde, würde das schwerlich länger als einige Monate dauern.

Bismarck hatte auch damals keineswegs unbedingt die Sehnsucht, Minister zu werden, und hat mehrfach betont, das Amt eines Gesandten sei sehr viel angenehmer. Ein Gesandtenposten sei ein Paradies im Vergleich zu der Schinderei eines heutigen Ministergeschäftes. *Wenn mir aber die Pistole auf die Brust gesetzt wird mit ja und nein, so habe ich das Gefühl, eine Feigheit zu begehen, wenn ich in der heutigen, wirklich schwierigen und verantwortlichen Situation «nein» sage.* In Paris störte ihn vor allem das Provisorische des Zustandes, und neben dem Wunsch nach der Übernahme der vollen Verantwortung stand doch offensichtlich, daß er sich der Schwierigkeiten durchaus bewußt war und den Posten des Ministerpräsidenten nur dann übernehmen wollte, wenn er sich der rückhaltlosen Unterstützung durch den König sicher glaubte.

Seit der Petersburger Zeit machte ihm auch sein Gesundheitszustand ernste Sorgen. Er klagte immer wieder, schon in der Frankfurter Zeit, über das Dasein am Schreibtisch und bei Festessen. *Ich selbst leide oft an maßlosem Heimweh, wenn ich nach vollbrachter Schreiberei einsam im Walde herumreite und mich an die harmlose Ländlichkeit früherer Existenz erinnere.* Trotzdem hatte er in Frankfurt über seine Gesundheit im ganzen nicht zu klagen. Der Bundestag ließ ihm reichlich Zeit zum Reiten und zum Schwimmen. 1859 aber war er schwer erkrankt und litt längere Zeit an den Folgen. Er klagte dann immer wieder darüber, daß er die frühere Rüstigkeit nicht wiedererlange. Anfang 1862, also im Jahre seiner Berufung an die Spitze der preußischen Politik, hieß es: *Vor drei Jahren hätte ich noch einen brauchbaren Minister abgegeben, jetzt komme ich mir in Gedanken daran vor wie ein kranker Kunstreiter, der seine Sprünge machen soll.* Solche Worte zeigen, daß die Äußerung von Schlözer: «Tag und Nacht Träume vom Portefeuille» doch nur eine Seite der Sache darstellen. Bismarck hat damals erklärt, daß er eine abergläubische Furcht davor habe, sich in Verhandlungen über seine Zukunft einzumischen. Es ist auch hier wie stets bei Bismarck so, daß er zwei

Seelen in seiner Brust hat und daß er für sein persönliches Lebensschicksal wie als Politiker immer an mehrere Möglichkeiten dachte. Bismarck war ja stets der Auffassung, daß auch ein großer Staatsmann die Geschichte nicht machen könne. Immer wieder erfüllte ihn Resignation gegenüber der eigenen Tätigkeit und gegenüber der Lage seines Staates. Im November 1858 spielte er mit dem Gedanken, sich auf die *Kanonen von Schönhausen* zurückzuziehen, also auf politische Tätigkeit zu verzichten. In den Zeiten der Neuen Ära war er verzweifelt über die Lage seines Staates. *Aber Gott, der Preußen und die Welt halten und zerschlagen kann, weiß, warum es so sein muß, und wir wollen uns nicht verbittern gegen das Land, in welchem wir geboren sind, und gegen die Obrigkeit, um deren Erleuchtung wir beten... Wie Gott will, es ist ja alles doch nur eine Zeitfrage, Völker und Menschen, Thorheit und Weisheit, Krieg und Frieden, sie kommen und gehn wie Wasserwogen, und das Meer bleibt. Was sind unsre Staaten und ihre Macht und Ehre vor Gott anders als Ameisenhaufen und Bienenstöcke, die der Huf eines Ochsen zertritt oder das Geschick in Gestalt eines Honigbauern ereilt.* Das sind natürlich Stimmungen des Augenblicks, aber auch sie sind echter Bismarck. Sie gehörten ebenso zu seinem Wesen wie die Kampfesleidenschaft und die Unduldsamkeit. Bei allem inneren Drang, seinem Staate zu dienen, fehlte Bismarck, dem von all den zahlreichen äußeren Auszeichnungen nur die Rettungsmedaille Eindruck machte, jeder äußere Ehrgeiz und jede Eitelkeit. Er war stets der Auffassung, daß der einzelne das Schicksal nicht gestalten könne. *Man kann nur abwarten, bis man den Schritt Gottes durch die Ereignisse hallen hört, dann vorspringen, um den Zipfel seines Mantels zu fassen.*

Zur Gesamtbeurteilung Bismarcks gehört auch die enge Verbundenheit mit der Natur, die Liebe zu den Bäumen und die Freude an jeder schönen Landschaft. Seine ungewöhnliche Sprachkraft bezeugen auch zahlreiche Landschaftsschilderungen in den Briefen. Bismarcks Berichte gehören zur besten Prosa deutscher Sprache im 19. Jahrhundert. Bismarck war zugleich ein guter Familienvater und hatte ein liebevolles Verständnis für seine Kinder. Vor allem versuchte er allzeit, seiner Frau über sein für sie ganz gewiß nicht angenehmes amtliches Dasein hinwegzuhelfen. Johanna hatte der Möglichkeit, daß ihr Mann Minister werden könne, höchst ungern entgegengesehen. Die Tatsache seiner Ernennung hat er seiner Frau erst mitgeteilt, als sie es schon wissen mußte. *Du wirst aus den Zeitungen unser Elend schon ersehen haben.* Andererseits war mit Roon seit Wochen ein Stichwort verabredet worden, das Bismarck nach Berlin rufen sollte, wenn die entscheidende Stunde gekommen war. Unmittelbar zuvor ließ ihn eine Ferienreise nach Biarritz die Politik völlig vergessen. Er verlebte hier mit dem russischen Diplomaten Fürst Orlow und seiner jungen Frau ihn begeisternde Ferientage. Er hatte sich, wie er seiner Schwester schrieb, in die *niedliche Principesse* etwas verliebt. *Du weißt, wie mir das gelegentlich zustößt, ohne daß es Johanna Schaden tut.* Dieser Ferienaufenthalt machte ihn, wie er seiner Frau schrieb, wieder ganz gesund. Wie einst in Aachen verlängerte er eigenmächtig seinen Urlaub und war für Post und Zeitungen unerreichbar. Bei der Rückkehr nach Paris fand er das Telegramm von Roon vor, dessen Formulierung auf einer Verabredung beruhte: «periculum in mora, dépêchez-vous».

Bei der Entwicklung, die der Verfassungskonflikt genommen hatte, befand sich der König in einer Zwangslage. Wenn Wilhelm I.

*Die Schwester: Malwine von Arnim-Britzen, geb. Bismarck*

einen anderen Ausweg gewußt hätte, wäre die Ernennung Bismarcks zum preußischen Ministerpräsidenten voraussichtlich nie erfolgt. Spätere Geschichtsbetrachtung hat vielfach darüber hinweggetäuscht, daß im Augenblick der Berufung nichts für den Aufstieg und alles für den Niedergang der Macht der preußischen Krone sprach. Seit dem Tode Friedrichs des Großen hatten keine bedeutenden Könige auf dem preußischen Thron gesessen. Alle Sympathie für die schlichte Persönlichkeit Wilhelms I. kann nicht darüber hinwegtäuschen, daß er als Prinzregent und König Preußen in eine Sackgasse geführt hatte. Wilhelm I. wollte abdanken, da ihm auch die Haltung seiner Minister nicht gestatte, die preußische Politik so weiterzuführen, wie ihm das sein Gewissen vorzuschreiben schien. Wenn Kronprinz Friedrich Wilhelm, der 1888 als todkranker Mann den Kaiserthron bestieg, damals zugegriffen hätte, so wäre Bismarck nicht Minister geworden und die preußische und deutsche Geschichte sehr anders verlaufen. Wenn der Kronprinz im September 1862 auf den Abdan-

*Bismarck und Roon im Eisenbahnabteil*

kungsplan des Vaters nicht einging, so war das in erster Linie menschliche Rücksichtnahme. Aber wahrscheinlich bestimmte ihn doch auch das Gefühl, daß er vor einer unlösbaren Aufgabe stand.

Der Abdankungsplan des Königs schuf auch für Bismarck eine neue Lage. Die Abdankung hätte wenigstens vorübergehend einen Sieg der Liberalen bedeutet. Das wollten Bismarck und sein Freund Roon auf alle Fälle verhindern. Als Bismarck nach Berlin kam, war der König freilich noch keineswegs zu seiner Ernennung entschlossen. In einer Aussprache zwischen Wilhelm und Bismarck, die im Schloß Babelsberg stattfand, hat der König, wie er in einer Aktennotiz sagte, die desparate Lage mit ihm ausführlich durchgesprochen und die Überzeugung gewonnen, daß er mit Bismarck über die gegen das Abgeordnetenhaus zu ergreifenden energischen Maßnahmen einig sei. Er habe ihn daraufhin ernannt, weil kein anderer Ausweg übriggeblieben sei. Bismarck hatte seine Bereitschaft erklärt, die Heeresreform auch gegen die Mehrheit des Abgeordnetenhauses durchzusetzen. Bismarck hat in der Unterredung dem König unbedingte Treue im Sinne der Vasallenpflicht früherer Jahrhunderte gelobt, ihn aber gleichzeitig dazu veranlaßt, einen schriftlich niedergelegten Programmentwurf zu vernichten. Bismarck wurde am 23., September 1862 zum Minister und vorläufigen Vorsitzenden des Staatsministeriums ernannt; die endgültige Ernennung erfolgte am 8. Oktober. Bei seiner Frau hat sich der König mehr oder weniger entschuldigt, daß er ihren Todfeind zum Minister ernannte. «Nach Gebet und ernster Prüfung» habe er den Entschluß gefaßt, schrieb er an die Königin Augusta.

Als diese Ernennung erfolgte, konnte niemand ahnen, daß sie eine Zusammenarbeit von fast drei Jahrzehnten zwischen dem Monarchen und seinem neuen Ministerpräsidenten herbeiführen sollte, sehr bald im Sinne des Treuegefühls, das Bismarck in der Unterredung im Babelsberger Park dem König gelobte. Ebensowenig konnte man ahnen, daß der in der Öffentlichkeit noch durchaus auf Grund seiner Haltung im Jahre 1848 beurteilte «Junker» das Ziel der deutschen Einheitsbewegung in verhältnismäßig kurzer Frist erreichen sollte. Zunächst stand man überall unter dem Eindruck, daß ein Ministerium Bismarck nicht sehr lange dauern könnte, was er ja selbst seiner Frau geschrieben hatte. Die Aufnahme seiner Ernennung in der Öffentlichkeit war denkbar schlecht. Man fürchtete ein Regieren ohne Etat, ein Säbelregiment, Krieg nach außen und ein miserables Epigonentum im Kielwasser des alten Fritz. Heinrich von Treitschke schrieb damals von «der vollendeten Frivolität am Ruder». Hinzu kam der Gegensatz zu den außenpolitischen Auffassungen seiner konservativen Freunde und auch des Königs. Erst der Erfolg in der Frage Schleswig und Holstein 1864 hat in weiten Kreisen die Überzeugung entstehen lassen, daß das Ministerium Bismarck alles andere als eine Episode sei. Die ausländischen Diplomaten waren allerdings schon früh überzeugt, daß der damalige preußische Gesandte in Frankfurt eine überragende politische Persönlichkeit sei.

# VERFASSUNGSKONFLIKT – SCHLESWIG-HOLSTEIN
(1862–1864)

Bismarck übernahm die Leitung des preußischen Staates in einer innenpolitisch und außenpolitisch höchst verfahrenen Lage. Er wollte die Auseinandersetzungen um den Verfassungskonflikt keineswegs verschärfen und hat das in den ersten Wochen immer wieder betont. Auch den Abgeordneten gegenüber äußerte er sich entgegenkommend; er wies als Zeichen der Versöhnung einen Olivenzweig vor, den ihm Katharina Orlow in Avignon zum Abschied gegeben hatte. Er fand damit wenig Gegenliebe, und alle Seiten glaubten an seine Neigung zur Gewaltpolitik. Auch konnten seine Äußerungen, wenn sie der Verständigung dienen sollten, bei den Abgeordneten kaum Eindruck machen, weil beide Seiten von völlig verschiedenen politischen Denkgesetzen ausgingen. Niemand glaubte ihm, daß er für eine Volksvertretung in Deutschland sei. Man machte ihm den Vorwurf, er wolle die inneren Schwierigkeiten durch äußere Konflikte überwinden.

Das erste Auftreten des neuen Ministerpräsidenten vor den Abgeordneten in der Budget-Kommission war keineswegs geeignet, einen besonders guten Eindruck zu machen. Er sprach auch hier von Versöhnung, sagte aber, daß die Rechtsfrage zur Machtfrage werden könne. Deutschland sehe nicht auf Preußens Liberalismus, sondern auf seine Macht. *Preußens Grenzen nach den Wiener Verträgen sind zu einem gesunden Staatsleben nicht günstig; nicht durch Reden und Majoritätsbeschlüsse werden die großen Fragen der Zeit entschieden – das ist der große Fehler von 1848 und 1849 gewesen –, sondern durch Eisen und Blut.* Diese Worte von Eisen und Blut, meist fälschlich «Blut und Eisen» zitiert, sind später immer wieder allzu einseitig zum Urteil über Bismarck benutzt worden, obwohl der Italiener Cavour ähnliche Worte gebraucht hatte. Die gleichzeitige Polemik der Liberalen galt weniger diesen Worten, sondern dem innenpolitischen Teil der Rede. Ein führender Liberaler meinte, einer Regierung, die die Verfassung beachte, würden Eisen und Blut der Nation zur Verfügung stehen. Treitschke, der später zum Wegbereiter der Reichsgründung wurde, sprach von dem flachen Junker, der mit Eisen und Blut prahle.

Bismarcks Auffassung, daß die Krongewalt über dem Parlament stehe, war für die Mehrheit der Liberalen unverständlich. Bismarck sagte im Abgeordnetenhaus: *Das preußische Königtum hat seine Mission noch nicht erfüllt, es ist noch nicht reif dazu, einen rein ornamentalen Schmuck Ihres Verfassungsgebäudes zu bilden, noch*

*Friedrich Wilhelm, Kronprinz von Preußen. Stich von E. Wagner*

nicht reif, als ein toter Maschinenteil dem Mechanismus des parlamentarischen Regiments eingefügt zu werden. Solche Äußerungen mußten als Kampfansage aufgefaßt werden, zumal Bismarck dabei verkannte, daß die führenden Liberalen, die durchweg Monarchisten waren, keineswegs einen Parlamentarismus im Sinne der englischen Verhältnisse anstrebten. Zu solchen Worten war Bismarck vielleicht auch deshalb genötigt, weil er König Wilhelm bei der Stange halten mußte. Deshalb konnte Bismarck auch in der Frage der Dienstzeit, die er selbst für eine Nebenfrage hielt, keine Konzessionen machen. Denn hier hielt der König entschieden an seinem Standpunkt fest.

Das Auftreten Bismarcks vor der Budgetkommission, das Roon als «geistreiche Exkursionen» bezeichnete, hat offensichtlich auch den König nicht begeistert, der damals unter den liberalen Einflüssen des badischen Hofes stand. Der König war, wie Bismarck meinte, in Baden mit dem Thema Strafford und Ludwig XVI. bearbeitet worden und habe davon gesprochen, man werde erst Bismarck und dann ihm selbst den Kopf abschlagen. Bismarck wollte geantwortet haben: *Können wir anständiger umkommen? Ich selbst im Kampfe für die Sache meines Königs und Ew. Majestät, indem Sie Ihre königlichen Rechte von Gottes Gnaden mit dem eigenen Blut besiegeln.* Bismarck meinte, er habe damit erfolgreich den König gewissermaßen am Portepee, das heißt bei seiner Offiziersehre, gefaßt. Gerade deshalb war Bismarck genötigt, den innenpolitischen Kurs eher noch zu verschärfen. Er vertrat jetzt die *Lückentheorie,* nach der sich die Regierung in einer Lage der Notwehr befinde, wenn ein budget-loser Zustand entstehe, weil die Übereinstimmung zwischen Krone, Herrenhaus und Abgeordnetenhaus nicht hergestellt werden könne. Da das Staatsleben nicht stillstehen könne, sei derjenige, der sich im Besitz der Macht befinde, genötigt, sie zu gebrauchen. Gleichzeitig ging Bismarck immer schärfer gegen die Beamten vor, die weitgehend in der Opposition standen. Der Ministerpräsident verschärfte dann den Kampf gegen die Mehrheit des Parlamentes und hatte für die Parlamentarier nur noch Spott und Verachtung übrig. Er vergaß, daß er in der Zeit vor seiner Berufung die Auffassung vertreten hatte, der innenpolitische Kampf gelte im Grunde nur Kleinigkeiten. Er meinte gelegentlich, daß die europäische Revolution in allen Ländern solidarisch sei.

In den Debatten des Parlamentes hatte eine besondere Rolle die «Alvenslebensche Konvention» gespielt, in der sich Rußland und Preußen gegenseitige Hilfe gegen den polnischen Aufstand zusagten. Für die Liberalen in Preußen, die für Polen schwärmten, bedeutete die Konvention den Ausdruck einer verfehlten Außenpolitik. Bismarck spottete über die Abgeordneten, die von außenpolitischen Dingen nichts verständen. Es kam immer wieder zu Konflikten mit dem Abgeordnetenhaus und seinem Präsidenten, bei denen Bismarck wohl bewußt die Auseinandersetzungen mit dem Parlament unnötig verschärfte.

Den Höhepunkt der Kampfmaßnahmen bildete eine Preßordonnanz vom 1. Juni 1863, die allerdings zeitlich begrenzt war. Sie schuf die Möglichkeit, jede mißliebige Zeitung zu verbieten und jede freie Äußerung in der Presse zu verhindern. Dieses Vorgehen war keineswegs zweckmäßig, zumal eine Knebelung der Öffentlichkeit nur begrenzt möglich war, und weil das, was in Preußen nicht gedruckt werden durfte, in Zeitungen und Zeitschriften der benachbarten deutschen Staaten stand. Heinrich von Treitschke, der damals mit den «Preußischen Jahrbüchern» brach, griff die Preßordonnanz in den in Leipzig erscheinenden «Grenzboten» an. Das Ansehen Preußens in Deutschland wurde durch diesen Vorgang nicht unerheblich geschwächt. Natürlich wurde allgemein beachtet, daß auch Kronprinz Friedrich Wilhelm bei einer Rede in Danzig gegen die Politik der Berater seines Vaters Einspruch erhob. Die innenpolitische Lage in Preußen wirkte sich auch auf den Nationalverein aus, der bisher für die preußische Führung in Deutschland eingetreten war.

Die österreichische Politik glaubte damals, die scheinbare innere Schwäche Preußens ausnutzen zu können. Bismarck hat mehrfach betont, daß der Konflikt Preußen machtpolitisch nicht schwäche, und hat gelegentlich ziemlich scharfe Töne gegenüber Österreich angeschlagen. Er vertrat die Auffassung, daß Preußen ein Übergewicht im deutschen Norden anstreben müsse, und äußerte in einem Gespräch mit dem österreichischen Gesandten, Österreich solle sein Schwergewicht in die ungarischen Länder verlegen. *Österreich würde in dieser Weise ein höchst wertvoller Alliierter für Preußen werden, und wir würden anderseits Ihre Vitalinteressen in Italien wie im Orient zu den unsrigen machen und Ihnen darin unbedingt beistehen.* Vereint seien Preußen und Österreich unangreifbar. Es ist der alte Grundgedanke Bismarcks, eine gemeinsame Außenpolitik der beiden Großmächte bei einer Anerkennung der Gleichberechtigung Preußens. Anderseits betonte er: *Für die Phrasen vom Bruderkrieg bin ich stichfest und kenne keine andere als ungemütliche Interessenpolitik, Zug um Zug und bar.*

In Wien wollte man die innenpolitische Krise in Preußen zu einem Gegenschlag benutzen. 1862 hatte die «Großdeutsche Versammlung» in Frankfurt einen «Deutschen Reformverein» gebildet und versucht, die antipreußische Stimmung in Deutschland im Sinne der habsburgischen Politik auszunutzen. Mit echten großdeutschen Absichten hatte das nichts zu tun. Dasselbe galt von den Bundesreformprojekten der deutschen Mittelstaaten, der nach einer Zusammenkunft in Würzburg sogenannten «Würzburger Regierungen». Sie schlugen eine Delegiertenversammlung am Deutschen Bunde vor. Bismarck war schon damals bereit, diese mittelstaatlichen Absichten damit zu überspielen, daß er ein deutsches Parlament forderte.

Eine neue Lage entstand dadurch, daß die österreichische Regierung nach Frankfurt einen Fürstentag berufen wollte, der eine Bundesreform beraten sollte. Es war den Wiener Politikern natürlich klar, daß ein wirklicher Erfolg nur möglich sein konnte, wenn auch der preußische Herrscher daran teilnahm. König Wilhelm befand sich Anfang

*König Wilhelm I. Zeichnung von Feckert*

August 1863 zur Kur in Bad Gastein. Kaiser Franz Joseph versuchte, bei einem Besuch in Bad Gastein den König mehr oder weniger zu überrumpeln. Als der Fürstentag in Frankfurt zusammentrat, befand sich König Wilhelm in Baden-Baden, wo auch Bismarck sich eingefunden hatte.

In Frankfurt waren alle deutschen Fürsten, mit Ausnahme König Wilhelms, erschienen. Sie beschlossen, den König von Sachsen nach Baden-Baden zu schicken und König Wilhelm persönlich einladen zu lassen. Das machte auf diesen einen tiefen Eindruck: «25 regierende Herren, und ein König als Kurier!» Es kam in Baden-Baden zu heftigen Auseinandersetzungen zwischen Bismarck und seinem König. Bismarck, der damals einen Konflikt mit Österreich keineswegs anstrebte, empfand das Vorgehen Österreichs als Anmeldung des alten Führungsanspruchs. Er wußte, daß bei einem Fernbleiben König Wilhelms der Fürstentag zu einem Schlag ins Wasser werden mußte. Aber erst nach einer schweren Auseinandersetzung, die den Monarchen und den Minister an den Rand ihrer Nervenkräfte brachte, gelang es Bismarck, durchzusetzen, daß der König dem König Johann eine Absage gab. Dem sächsischen Ministerpräsidenten, der seinen König begleitete, soll Bismarck gesagt haben: *Bundesbruch und Friedensbruch sind mir ganz gleichgültig. Wichtiger ist mir das Wohl meines Königs und Herrn. Heute habt Ihr ihn schon krank gemacht. Morgen soll er Ruhe haben. Einen König habt Ihr uns in Wien und Dresden schon ruiniert. Daß Ihr uns den zweiten nicht auch zu-*

*Spottbild auf Bismarck während der Konfliktszeit, aus der «Frankfurter Laterne» vom 30. September 1863*

*grunde richtet, dafür stehe ich, solange ich Ministerpräsident bin, und wenn es nötig ist, mit meinem Kopf.* Es war das erste Mal, daß Bismarck seinen außenpolitischen Standpunkt gegenüber dem Herrscher durchsetzen konnte, der von ganz anderen Gefühlen und Auffassungen ausging.

Bismarck beantwortete den Fürstentag mit der Forderung einer aus direkten Wahlen hervorgehenden Volksvertretung. Im September 1863 hieß es: *Die Interessen und Bedürfnisse des preußischen Volkes sind wesentlich und unzertrennlich identisch mit denen des deutschen Volkes; wo dies Element zu seiner wahren Bedeutung und Geltung kommt, wird Preußen niemals befürchten dürfen, in eine seinen eigenen Interessen widerstrebende Politik hineingezogen zu werden.* Das ist trotz allem Kampf gegen die Revolution die alte Formulierung, daß das deutsche Volk der beste Bundesgenosse einer preußischen Politik sei. Dabei verstand Bismarck diese Forderung nicht als Konzession gegen den Liberalismus, sondern als ein taktisches Gegenmittel gegen Österreich und die Mittelstaaten, in gewissem Sinne auch gegen die Liberalen im preußischen Abgeordnetenhaus.

In dieselbe Zeit fällt ein Vorgang, der für Bismarcks politische Haltung kennzeichnend war, auch wenn er keine praktischen Folgen haben sollte. Es kam zu Verhandlungen zwischen Bismarck und Ferdinand Lassalle, dem Gründer des zahlenmäßig noch schwachen Allgemeinen Deutschen Arbeitervereins. Es war die erste Begegnung eines deutschen Staatsmannes mit der sozialistischen Arbeiterbewegung, und sie war schon deshalb bedeutungsvoll, obwohl die Masse der Handarbeiter damals hinter der liberalen Fortschrittspartei und vor allem hinter Schulze-Delitzsch und seinen Genossenschaften stand. Das liberale Programm, das den Nöten des arbeitenden Standes mit «Selbsthilfe und Bildung» begegnen wollte, war allerdings nicht geeignet, ihnen zu helfen.

Lassalle wollte mit der Gründung des Allgemeinen Deutschen Arbeitervereins den beherrschenden Einfluß des Bürgertums auf die Arbeiterschaft ausschalten. Das konnte in den Zeiten des Verfassungskonfliktes von Bismarck nur begrüßt werden. Unabhängig davon haben auch in anderen Nationen konservative Kreise im Gegensatz zum liberalen Bürgertum eine gewisse Fühlungnahme mit den Schichten angestrebt, die man damals die unteren zu nennen pflegte. Der Einfluß des liberalen Bürgertums beruhte fast überall auf einem Wahlrecht, das die wohlhabenden Schichten begünstigte. Eine Ausdehnung des Wahlrechtes schien also auch im konservativen Interesse zu liegen.

Obwohl Lassalle der Treibende war, hielt auch Bismarck diese

Fühlungnahme keineswegs für gleichgültig. Im Gegensatz zu den bürgerlichen Liberalen begrüßte er Lassalles Vorschlag, ein allgemeines Wahlrecht anzustreben, auch wenn er sich dabei gewisse napoleonische Mittel vorbehielt. Bismarck dachte damals bei einer Ausdehnung des Wahlrechtes an die bäuerliche Bevölkerung, Lassalle rechnete mit der wachsenden zahlenmäßigen Bedeutung der Arbeiterschaft. Aber auch in gewissen sozialpolitischen Vorstellungen begegneten sich Bismarck und Lassalle. Bismarck hat im Gegensatz zu den Liberalen dem Staat das Recht zugesprochen, in das Verhältnis von Arbeitgeber und Arbeitnehmer einzugreifen. Gegen bürokratische Bedenken, daß der Staat das nicht könne, sagte Bismarck:

*Ferdinand Lassalle*

*Der Staat kann.* Das machte Bismarck noch nicht zum Sozialisten. Er hat alle Zeit die soziale Frage «von oben her» gesehen. Trotzdem wäre es bedeutungsvoll gewesen, wenn der erste Ansatz einer sozialpolitischen Haltung der preußischen Regierung und die Fühlungnahme zwischen Bismarck und Lassalle sich damals hätten auswirken können, im Gegensatz zur Haltung der Liberalen, die eine staatliche Sozialpolitik ablehnten.

Der Ausbruch der Krise um Schleswig und Holstein und die Politik der Reichsgründung haben es Bismarck unmöglich gemacht, diese Entwicklung weiter zu verfolgen. Trotz dem Verfassungskonflikt war Bismarck dabei auf das liberale Bürgertum angewiesen. Gewiß spielten bei Bismarcks Haltung taktische Gesichtspunkte mit. Aber dahinter stand doch eine grundsätzliche Überzeugung von der Bedeutung der Staatsmacht, die sich von den liberalen Vorstellungen unterschied. Es wurde für die deutsche Entwicklung verhängnisvoll, daß im Gegensatz zu den großen westlichen Staaten das Problem des «Nationalstaates» erst in einem Augenblick gelöst werden konnte, als die Frage der Eingliederung der Massenkräfte des aufsteigenden Arbeiterstandes bereits akut war.

In Preußen hatten sich die innenpolitischen Gegensätze verschärft. Bismarck ging entschieden gegen die Landräte vor und forderte eine mehr oder weniger robuste Beeinflussung der Wahlen. Sie brachten trotzdem keine veränderte Zusammensetzung des Abgeordnetenhauses, das fast ein Jahr lang bis zum Januar 1865 nicht mehr einberufen wurde. In einem Brief an den König sagte Bismarck, daß er seine Stellung *nicht als konstitutioneller Minister in der üblichen Bedeutung des Wortes, sondern als Euer Majestät Diener auffasse.*

Die Annahme der dänischen Gesamtstaatsverfassung in Kopenhagen im November 1863 ließ die schleswig-holsteinische Frage offen ausbrechen, die schon 1848 so bedeutungsvoll gewesen war. Die Befreiung der beiden Herzogtümer war im Revolutionsjahr das große außenpolitische Ziel der nationalen und freiheitlichen Bewegung gewesen. Mit dem Tode König Friedrichs VII. von Dänemark wurde Ende 1863 das Problem akut, daß in Schleswig und Holstein ein anderes Erbrecht galt als in Dänemark. Im Londoner Protokoll von 1852 hatten die Großmächte, auch Österreich und Preußen, vorgesehen, daß unter dem dänischen König Christian IX. der dänische Gesamtstaat erhalten blieb, aber die Sonderstellung der beiden Herzogtümer bestätigt, von denen Holstein zum Deutschen Bunde gehörte. Als Dänemark Schleswig in seine Gesamtstaatsverfassung einbeziehen wollte, protestierte der Deutsche Bund. Dänemark fand dank der klugen außenpolitischen Haltung Bismarcks nicht die Unterstützung der Großmächte. Bismarck stellte seine politische Taktik darauf ein, Dänemark ins Unrecht zu setzen, was ihn dazu nötigte, sich zunächst auf den Boden des Londoner Protokolls zu stellen, das ganz gewiß nicht den Wünschen der deutschen nationalen Bewegung entsprach. Bismarck wandte sich damals immer wieder dagegen, daß man diese Dinge mit der *Jagd hinter dem Phantom der Popularität* behandle. Seine Haltung gegenüber der Öffentlichkeit war dadurch erschwert, daß man seine Stellungnahme von 1848 kannte. Bismarck war außerdem von Anfang an dagegen, in Schleswig und Holstein einen neuen Mittelstaat unter dem Herzog von Augustenburg zu schaffen, wie das die deutsche nationale Bewegung in seltener Einmütigkeit mit dem Deutschen Bunde forderte. In den Herzogtümern hatte schon Ende 1863 der Herzog Friedrich von Augustenburg die Regierung übernommen. Eine in diesem Umfange bisher kaum gekannte Propaganda setzte sich für die Befreiung der Herzogtümer und für den Augustenburger ein. Für die weitere Entwicklung war natürlich entscheidend, was die beiden deutschen Großmächte taten. Bismarck, der damals einsam nach allen Seiten fechten mußte, hat später die

Lösung der schleswig-holsteinischen Frage als seine größte diplomatische Leistung empfunden. Der spätere Erfolg hat verdunkelt, wie hoffnungslos die Lage zeitweise von Bismarcks Standpunkt aus war. Auch bei seinem König fand er nur begrenzt Unterstützung. An Roon schrieb Bismarck, die Partie der Krone gegen die Revolution sei verspielt. *Ohne Gottes Wunder ist das Spiel verloren, und auf uns wird die Schuld von Mit- und Nachwelt geworfen. Wie Gott will. Er wird wissen, wie lange Preußen bestehn soll. Aber leid ist mirs sehr, wenn es aufhört, das weiß Gott!* Viele Monate später, als der Erfolg gesichert war, schrieb er an seine Frau: *Das lernt sich in diesem Gewerbe recht, daß man so klug sein kann wie die Klugen dieser Welt, und doch jederzeit in die nächste Minute geht wie ein Kind ins Dunkle.*

Österreich und Preußen verlangten Ende 1863 von Dänemark, die Gesamtstaatsverfassung aufzugeben, und erklärten, daß sie ohne Rücksicht auf den Deutschen Bund vorgehen würden. Nachdem Dänemark ein Ultimatum abgelehnt hatte, begannen Österreich und Preußen im Februar 1864 den Krieg, der für Dänemark ohne auswärtige Unterstützung aussichtslos war. Es war Bismarck gelungen, in der Sache Schleswig und Holstein ein Zusammengehen der beiden Mächte gegen Dänemark zu erreichen. Dadurch ergab sich die ungewöhnliche Lage, daß Österreich und Preußen gemeinsam gegenüber den Mittelstaaten und dem Bundestag vorgingen. Es zeigte sich, daß der Deutsche Bund bedeutungslos war, wenn die beiden deutschen Großmächte sich einigten. Bismarck hat damals immer wieder die nationale Bewegung als revolutionär bezeichnet und gemeint, Deutschland sei von einem Netz von revolutionären Elementen durchzogen. Besonders entschieden war der preußische Ministerpräsident gegen den Augustenburger. Aber er mußte ihn zunächst benutzen und ausnutzen, da auch der König für ihn eintrat.

Das Vorgehen der preußischen und österreichischen Truppen, die ihre Operationen auch auf Jütland ausdehnten, gegen Dänemark brachte leichte Erfolge. Die Erstürmung der Düppeler Schanzen am 18. April, die militärisch ziemlich bedeutungslos war, machte starken Eindruck und stärkte auch die Stellung Bismarcks. Schließlich war Dänemark zu Waffenstillstand und Vorfrieden bereit. Es entsagte allen Rechten auf Schleswig und Holstein sowie auf Lauenburg und trat sie an die beiden Großmächte ab. Der Deutsche Bund blieb bei den Verhandlungen ausgeschaltet. Als sich die «Norddeutsche Allgemeine Zeitung» allzu temperamentvoll über den Erfolg äußerte, wandte sich Bismarck dagegen. Der Sieger habe keinen Anlaß, Erbitterung zu hegen oder zu provozieren. Das war eine Haltung, die Bismarck als Sieger auch bei späteren Friedensschlüssen einzunehmen versucht hat.

Der Wiener Frieden vom 30. Oktober 1864 bestätigte den Vorfrieden. Die beiden Herzogtümer waren befreit und ein altes Ziel der deutschen nationalen und liberalen Bewegung verwirklicht, aber durch den «Konfliktminister». Die Folge war, daß die nationale Bewegung in wachsendem Maße auseinanderfiel und eine Anzahl der liberalen Führer unsicher wurde, ob ihre überscharfe Kritik an Bismarck berechtigt sei. Ein Teil der Liberalen fragte, ob nicht Bismarck doch der überlegene Politiker sei. Wie so oft im politischen Leben hat der Erfolg zum Wandel mancher Auffassungen geführt. Die Befreiung der Herzogtümer hat Bismarcks innen- und außenpolitische Stellung gewaltig gestärkt. König Wilhelm, der die Politik seines Ministerpräsidenten im Grunde nicht verstanden hatte, fühlte sich ihm jetzt eng verbunden. Erst jetzt war Bismarcks Stellung gesichert.

Bismarck hat in dieser Zeit immer wieder darauf hingewiesen, daß die beiden deutschen Großmächte, wenn sie zusammengingen, Deutschland darstellten. *Wenn Preußen und Österreich einig sind, so sind sie «Deutschland», und die Aufstellung eines andern Deutschland neben ihnen kommt in kriegerischen Zeiten einem Verrat der deutschen Sache gleich.* Nicht die deutsche Einheit, sondern die deutsche Einigkeit müsse auf die einzig mögliche Basis, auf die Einigkeit der Großmächte, gestellt werden. Solche Formulierungen galten auch dem Kampf gegen das Abgeordnetenhaus, wobei Bismarck gelegentlich vom Prinzipienkampf zwischen Demokratie und preußischem Thron sprechen konnte. Der preußische Staat sei noch nicht überlebt, der Volksgeist Preußens sei durch und durch monarchisch. Das Ziel sei, Deutschland zu einer gesunden und konservativen Politik unter den beiden Großmächten zu vereinigen. Das war noch immer die Absicht, die beiden Großmächte gemeinsam gegen die Revolution kämpfen zu lassen. *Sind Preußen und Österreich uneinig, so besteht Deutschland politisch überhaupt nicht; sind sie einig, so gebührt ihnen die Führung.* Man solle die Differenzen der Vergangenheit übergehen und eine aktive gemeinsame Politik treiben. Dabei betonte Bismarck mit Nachdruck, daß diese gemeinsame Politik der beiden Großmächte nicht aus dem Bewußtsein der früheren Zugehörigkeit zum deutschen Reiche, sondern nur aus dem Interesse Preußens betrieben werde.

Es war im Grunde, wenn auch auf ganz anderem politischen Niveau, noch immer der Standpunkt der Rede anläßlich der Olmützer Konvention, die Forderung eines Dualismus im Sinne der friedlichen Zweiherrschaft der beiden Großmächte im Kampf gegen die Revolution. Voraussetzung blieb freilich, daß Preußen das Übergewicht in Norddeutschland haben würde.

# DER ENTSCHEIDUNGSKAMPF MIT ÖSTERREICH UND SEINE VORGESCHICHTE
(1865/66)

Die Befreiung der beiden Herzogtümer Schleswig und Holstein hatte im Zeichen der Einigkeit der beiden Großmächte gestanden. Die Einheit der beiden großen konservativen Mächte im Kampf gegen Demokratie und Revolution wollte Bismarck, wie er wiederholt geäußert hat, erhalten. Gerade in dieser Zeit finden sich besonders scharfe Worte Bismarcks gegen die Liberalen und die nationale Bewegung und gegen alle politischen Kräfte, die innenpolitischen Widerstand leisteten. Auch im Preußischen Abgeordnetenhaus verschärfte sich der Ton und der Kampf gegen die Abgeordneten, auch gegen die Redefreiheit im Parlament. Bismarck hat sich gelegentlich sehr zweideutig auf die preußische Gesindeordnung berufen, nach der das Gesinde schutzlos sei, wenn es durch ungebührliches Verhalten seine Herrschaft zum Zorne reize.

Die Verschärfung des innenpolitischen Kampfes fiel bereits in eine Zeit, in der das Verhältnis zu Österreich wieder gespannter wurde. Es lag auf der Hand, daß das Provisorium des gemeinsamen Besitzes der Herzogtümer Spannungen entstehen ließ. Während die Wiener Politik einen selbständigen Bundesstaat schaffen wollte, dachte man in Berlin immer mehr an eine Annexion oder doch an eine mittelbare Abhängigkeit der Herzogtümer von Preußen.

Die Auseinandersetzungen über Schleswig und Holstein haben das Verhältnis der beiden Großmächte nicht unerheblich getrübt. Trotzdem hat Bismarck noch im Februar 1865 gemeint, das österreichische Bündnis sei noch nicht ausgenutzt. Einen Krieg wollte Bismarck um die Erwerbung der Herzogtümer nicht führen. Unabhängig davon rechnete er aber mit der Möglichkeit eines Konfliktes mit der habsburgischen Monarchie und versuchte dafür das Terrain vorzubereiten, was nicht heißt, daß er eine kriegerische Auseinandersetzung unbedingt herbeiführen wollte. Immer wieder betonte Bismarck, wie notwendig für die Erhaltung des monarchischen Prinzips das Zusammengehen der beiden deutschen Großmächte sei.

Im Mai 1865 beriet ein preußischer Kronrat auf Grund der Verschärfung der Auseinandersetzungen über Schleswig und Holstein über die Frage von Krieg und Frieden. Damals neigte König Wilhelm zu einer schärferen Politik, während Bismarck für ein Einlenken eintrat. Bismarck hatte in Paris sondiert, aber keinerlei Zusicherungen vom französischen Kaiser erlangt. Auch ein Versuch Bismarcks, mit Bayern Fühlung aufzunehmen, war erfolglos. Bismarck hat damals versichert, daß an eine Alleinherrschaft Preußens in Deutschland nicht gedacht werde, Bayern sei der naturgemäße Bundesgenosse Preußens. Bismarck hat später mehrfach von der Möglichkeit gesprochen, daß Bayern an die Spitze einer süddeutschen Streitmacht treten könne.

Ein innenpolitischer Wechsel in Österreich hat offensichtlich die Hoffnung Bismarcks, im Sinne des konservativen Prinzips mit Österreich zusammengehen zu können, noch einmal belebt. In Wien war ein konservativ-föderalistisches Ministerium gebildet worden, das die Zusammenarbeit erleichtern konnte. Dieser Gesichtspunkt war für Bismarck gewiß nicht ausschlaggebend, aber er wirkte sicherlich erheblich mit, wenn er gerade im Sommer 1865 von der gemeinsamen Führung Deutschlands durch Österreich und Preußen sprach. Daneben spielte natürlich eine Rolle, daß Bismarck weder der Haltung Italiens noch der Frankreichs sicher war. So kam es im August 1865 zur Konvention von Gastein. Zum letztenmal erfolgte eine Einigung der beiden deutschen Großmächte. In der Frage der Herzogtümer wurde jetzt festgesetzt, daß Österreich Holstein und Preußen Schleswig verwalten solle. Preußen bekam ferner ein vorläufiges Kommando für Kiel und Rendsburg. Ebenso wurde Lauenburg ihm überlassen. Die Freude König Wilhelms über die Konvention von Gastein war groß. Er erhob zum Dank dafür Bismarck zum Grafen, was diesem ziemlich gleichgültig war, ebenso wie später die Erhebung zum Fürsten.

Der Gasteiner Vertrag war nicht nur eine Episode, in dem der Kampf um die Vorherrschaft in Deutschland vertagt wurde. Bismarck hat ohne allen Zweifel, was alle Aktenpublikationen der letzten Jahrzehnte bestätigen, den Konflikt mit Österreich nicht seit langem bewußt herbeigeführt. Die früher weitgehend übliche Deutung, die die Politik der früheren Jahre vom Ergebnis des Jahres 1871 her wertet, ist mindestens sehr einseitig. Die historisch-politische Entwicklung pflegt sich selten gradlinig zu vollziehen, und auch ein großer Staatsmann wie Bismarck vermochte nur in den seltensten Fällen vorauszuahnen, zu welchen Zielen er die Politik seines Staates führen kann. Gerade Bismarck hat ja immer wieder betont, daß der Staatsmann höchstens in der Lage sei, den *Zipfel* des Mantels Gottes in der Geschichte zu erfassen. Bismarck erstrebte eine Lösung dessen, was man die deutsche Frage zu nennen pflegt. Bis 1865 hat sich seine Zielsetzung sehr deutlich in norddeutsch-protestantischer Linie bewegt. Aber die Auseinandersetzungen des Jahres 1865 zeigten ihm immer deutlicher, wie schwierig es war, eine preußische Machtpolitik, die auf den Widerstand der Hofburg stoßen mußte, mit dem Gedanken der innenpolitischen Gemeinsamkeit zu verbinden.

Gerade aus dieser Zeit liegen einige Äußerungen Bismarcks vor,

*Napoleon III. und Bismarck in Biarritz, 1865*

die auf eine gewisse innere Zerrissenheit deuten. So heißt es im August 1864: *Faust klagt über die zwei Seelen in seiner Brust; ich beherberge aber eine ganze Menge, die sich zanken. Es geht da zu, wie in einer Republik... Das meiste, was sie sagen, teile ich mit. Es sind da aber auch ganze Provinzen, in die ich nie einen anderen Menschen werde hineinsehen lassen.* Ende Dezember 1865 schrieb er einem Bekannten, der vom christlichen Standpunkt aus Bedenken gegen seine Politik angemeldet hatte: *Als Staatsmann bin ich nicht einmal h i n r e i c h e n d rücksichtslos, meinen Gefühlen nach eher feig, und das, weil es nicht leicht ist, in den Fragen, die an mich treten, immer d i e Klarheit zu gewinnen, auf deren Boden das Gottvertrauen wächst. Wer mich einen gewissenlosen Politiker schilt, tut mir unrecht und soll sich sein Gewissen auf d i e s e m Kampfplatze erst selbst einmal versuchen.* An der Ehrlichkeit solcher Äußerungen ist nicht zu zweifeln. Sie zeigen, daß man die politische Zielsetzung und die politische Haltung Bismarcks nicht allzusehr vereinfachen sollte. Die zwei Seelen in seiner Brust waren auf der einen Seite die preußische Machtpolitik, auf der anderen Seite sein Gefühl für die Gemeinschaft der konservativen Mächte. Der innere Konflikt lag darin, daß er immer stärker empfand, wie schwer es war, beide Linien zu vereinigen. In der vielleicht wichtigsten Stelle aus dieser Zeit sprach er im November 1865 von der Wahl zwischen zwei Systemen. *Das eine wäre: im Bunde mit Östreich unter Bekämpfung der revolutionären Bestrebungen und Erweckung des Vertrauens der deutschen Fürsten eine gemeinschaftliche Leitung der deutschen Angelegenheiten durch die beiden Großmächte herzustellen. Dieser Weg wäre uns der liebere, doch nur dann, wenn das Kaiserliche Kabinett ebenso vollständig wie wir mit der zweideutigen Politik bräche, gegen deren Auswüchse in Frankfurt unser gemeinsames Auftreten gerichtet war. Ein unumwundenes gegenseitiges Vertrauen der beiden Mächte ist auf diesem Wege unentbehrlich... Der andere Weg ist, daß Preußen selbständig in dem innerhalb seiner Machtstellung liegenden Kreise von Nachbarstaaten sowie am Bunde seinen Einfluß und seine Interessen nach Kräften zur Geltung bringt.* Den Anlaß zu dieser Äußerung bildete eine Episode, die die Stadt Frankfurt betraf, und bei der Bismarck Österreich vorwarf, daß es nicht entschieden genug gegen die revolutionären Kräfte in Deutschland vorgehen wolle. Preußen könne, wenn die Herren in Wien es dazu nötigten, eher in dieser Linie mitmachen. Die Österreicher seien *Narren, wenn sie uns in ein Wasser nötigen, was mir widerlich ist, in dem wir aber besser schwimmen als sie.* Preußen könne an liberalen Einrichtungen mehr aushalten als der Kaiserstaat.

In seiner Äußerung vom November 1865 hatte Bismarck angekündigt, daß, wenn Österreich sich versage, Preußen, obwohl der andere Weg ihm lieber sei, den einer selbständigen Machtpolitik ohne und gegen Österreich verfolgen werde. Auch dabei dachte er noch nicht an die Gründung eines kleindeutschen Staates, sondern an ein Vorgehen Preußens in Norddeutschland. Aber es wird deutlich, daß Bismarck jetzt mit der Möglichkeit eines bewaffneten Konfliktes zu rechnen begann, zumal die Schwierigkeiten in Schleswig und Holstein wuchsen.

Bismarck versuchte jetzt immer entschiedener eine kriegerische Auseinandersetzung außenpolitisch vorzubereiten und verhandelte vor allen Dingen mit Napoleon III. Auch die Verhandlungen mit Italien wurden fortgeführt. Im April 1866 wurde mit Italien ein Vertrag geschlossen, nach dem das neugeschaffene Königreich im Falle eines Krieges zwischen Österreich und Preußen auf der Seite des letzteren kämpfen sollte, wenn es innerhalb von drei Monaten zum Kriege mit Österreich komme. Eine feste Verpflichtung zur Kriegserklärung enthielt dieser Vertrag nicht, aber er setzte für die Politik Bismarcks eine Frist, und er konnte natürlich auch einfach nur als Druckmittel gegen Österreich verwendet werden. Am Tage nach dem Abschluß mit Italien stellte Preußen am Bundestag einen Antrag auf Bundesreform, der das allgemeine gleiche Wahlrecht vorsah und die Forderung enthielt, den Oberbefehl des Bundesheeres zwischen Preußen und Bayern zu teilen.

Noch immer war es Bismarck nicht leicht, seinen König zu entschiedenen Schritten zu bewegen, zumal die Königin, der Kronprinz und zahlreiche hochgestellte Persönlichkeiten seiner Politik widersprachen. Wie im Jahre 1859 erleichterte die habsburgische Politik den Gegenspielern ihre Arbeit. Österreich begann schon im März 1866 zu rüsten und deutete außerdem an, daß es einen Antrag auf Mobilisierung der nichtpreußischen Bundeskorps stellen wolle. Für Bismarck war es dadurch leichter, beim König Österreich als den angreifenden Teil hinzustellen. Es kam allerdings noch einmal zu vermittelnden Verhandlungen, die von den Brüdern Gablentz geführt wurden, bei Lage der Dinge aber erfolglos waren. Italien begann offen zu rüsten und Österreich mobilisierte im April seine Südarmee und Ende April auch die Nordarmee. Das machte es Bismarck möglich, seinen König endgültig für den Kampfstandpunkt zu gewinnen. Anfang Mai wurde auch in Preußen die Mobilmachung befohlen.

Zunächst folgte die Werbung um Bundesgenossen und das Ringen um die Haltung Napoleons. Dem französischen Kaiser war ein Krieg zwischen Preußen und Österreich erwünscht. Er rechnete, wie alle Welt, damit, daß ein solcher Krieg lange Zeit dauern und ihm eine schiedsrichterliche Stellung einräumen werde. Er stellte an Preußen territoriale Forderungen, denen Bismarck auswich, wobei er allerdings die Möglichkeit gewisser Konzessionen andeutete, ohne Zusagen zu geben. Er meinte später, er habe getan, als ob er selbst geneigt wäre, vom Pfad der Tugend abzuweichen, sein König aber nicht. Immerhin gab Bismarck Ende April 1866 die Anweisung, eine Umgestaltung der Nutzung der Saarbrücker Bergwerke aus stattlichem in privaten Besitz vorzubereiten. Eine Vereinbarung zwischen Preußen und Frankreich kam nicht zustande, und auch Österreich konnte ein Zusammengehen mit Napoleon nicht erreichen, obwohl es versprach, Venetien abzutreten. Ein Vertrag zwischen Österreich und Frankreich sah Vergrößerungen von Sachsen, Württemberg und Bayern vor und die Errichtung eines unabhängigen Staates aus den preußischen Rheinprovinzen. Österreich dachte auch daran, Schlesien zurückzugewin-

*Attentat auf Bismarck in Berlin, Unter den Linden, am 7. Mai 1866*

nen, aber Österreich erhielt ebensowenig wie Preußen feste Zusagen von Frankreich.

Bei den Verhandlungen mit Bayern war Bismarck bereit, dem bayerischen König die militärische Führung in Süddeutschland zuzusagen, falls es die führende Stellung Preußens in Norddeutschland anerkenne. Bismarck war vor Ausbruch des Krieges bereit, Bayern weit entgegenzukommen. Bayern stellte sich aber ebenso wie die übrigen süddeutschen Staaten auf die Seite Österreichs, und auch für Sachsen war es klar, daß es im Kriegsfalle auf der Seite Österreichs kämpfen würde. Die Masse der kleinen norddeutschen Staaten mußte natürlich mit Preußen gehen; unklar war die Haltung von

Hannover und Kurhessen. Bismarck wollte beide nicht vernichten, aber er forderte die unbewaffnete Neutralität und wollte die preußischen Operationen gegen Österreich davor sichern, daß ihnen Hannover und Kurhessen in den Rücken fielen. Hannover und Kurhessen lehnten jedoch ab; es kam zum Einmarsch der preußischen Truppen, als auf Grund der Vorgänge am Bundestag der formale Bruch eingetreten war. Der Bundestag hatte am 14. Juni 1866 einen bayerischen Vermittlungsantrag angenommen, nach dem vier Armeekorps mobil gemacht werden sollten. Der preußische Gesandte am Bundestag erklärte daraufhin, auf Grund einer Anweisung Bismarcks, den Bundesvertrag für erloschen.

Bismarck hat einmal gemeint: *Man schießt nicht mit öffentlicher Meinung auf den Feind, sondern mit Pulver und Blei.* Trotzdem hat er damals um die deutsche öffentliche Meinung gekämpft. Eine Proklamation an das deutsche Volk bei Kriegsbeginn sprach von der friedlichen Entwicklung des gemeinsamen Vaterlandes. Den deutschen Regierungen hatte Preußen Grundzüge einer neuen Bundesverfassung überreicht. Für die Wahl einer Nationalversammlung sollte das Reichswahlgesetz von 1849 zugrunde gelegt werden. Je ein Bundesheer im Norden und im Süden unter dem König von Preußen und dem König von Bayern waren vorgesehen. Schon in Unterredungen mit Lassalle hatte Bismarck sich für ein allgemeines Wahlrecht eingesetzt. Aber der preußische Antrag am Bundestag wurde nicht ernst genommen. Allgemein herrschte die Stimmung, daß von Bismarck nichts Gutes kommen könnte. Seine Versuche, mit den Führern des Nationalvereins zu verhandeln, waren erfolglos. Die allgemeine Bewegung in Deutschland wandte sich gegen den «Bruderkrieg». Der Haß gegen Bismarck entlud sich in einem Attentat, bei dem er unverletzt blieb.

Vor allem herrschte allgemein die Auffassung, daß von dem «Konfliktminister» innenpolitisch nichts zu erwarten sei. Die Zusage eines deutschen Parlamentes wurde nicht ernst genommen. Ein württembergisches Blatt schrieb: «Ein Lachen durch ganz Germanien.» Bismarck war jedoch zweifelsohne bereit, eine Nationalvertretung zu berufen und den Österreichern *etwas Schwarzrotgold unter die Nase zu reiben*. Er glaubte, durch parlamentarische Einrichtungen die partikularistischen Kräfte zurückdrücken zu können. Bei Beginn des Krieges waren gerade radikale Demokraten bereit, sich hinter die preußische Kampfpolitik zu stellen. Karl Marx schrieb damals an Engels über Lassalle: «Welcher Verlust für den Itzig, daß er maustot ist! Den hätte Bismarck jetzt Rolle spielen lassen.» In Verhandlungen mit Ungarn, Tschechen und Serben war Bismarck bereit, nationalrevolutionäre Mittel gegen den österreichischen Kaiserstaat anzuwenden.

*Helmuth Graf von Moltke*

Die rasche Entscheidung des Krieges hat später vergessen lassen, daß man zunächst die Aussichten Preußens keineswegs günstig beurteilte. Man rechnete im In- und Ausland damit, daß sich der Krieg lange hinziehen würde. Bismarck sagte bei Kriegsbeginn: *Der Kampf wird ernst werden. Es kann sein, daß Preußen verliert, aber wie es auch kommen mag, es wird tapfer und ehrenvoll kämpfen. Wenn wir geschlagen werden... werde ich nicht hierher zurückkehren. Ich werde bei der letzten Attacke fallen. Man kann nur einmal sterben; und wenn man besiegt wird, ist es besser, zu sterben.* Andererseits hatte Bismarck, nachdem die Entscheidung über Krieg und Frieden gefallen war, besonders zielsicher gehandelt. Ein Brief aus diesen Tagen schloß mit den Worten aus Schillers «Wallenstein»:

> Ich tat's mit Widerstreben,
> Da es in meine Wahl noch war gegeben;
> Notwendigkeit ist da, der Zweifel flieht,
> Jetzt fecht ich für mein Haus und für mein Leben.

Das Zitat zeigt, wie wenig man Bismarcks Politik in diesen Jahren richtig beurteilt, wenn man meint, er habe ohne Widerstreben und ohne Möglichkeit einer anderen Wahl nur an die Herbeiführung der Entscheidung durch einen Krieg mit Österreich gedacht.

Es wurde für Bismarcks Gesamtpolitik und ihren Erfolg bedeutungsvoll, daß er in Moltke eine überlegene militärische Führerpersönlichkeit an seiner Seite hatte. Moltke, der damals zum erstenmal wirklich die Operationen leitete, hat durch den Feldzugsplan die schnelle Entscheidung ermöglicht und zum erstenmal die modernsten technischen Mittel, Telegraf und Eisenbahn, für die Operationen in Anwendung gebracht. Während Moltke siegessicher war, obwohl er die Lage keineswegs leichtnahm, glaubte sein Gegenspieler auf der österreichischen Seite, Benedek, keineswegs an den Sieg. Die Österreicher hatten ihren besten Feldherrn, den Erzherzog Albrecht, auf dem italienischen Kriegsschauplatz eingesetzt, wo er die Italiener bei Custozza schlug, während in Norddeutschland Kurhessen und Hannover von Preußen besetzt wurden. Der Hauptkriegsschauplatz wurde Böhmen, wo die Österreicher sich mit den Sachsen vereint hatten. Nach schweren Einzelgefechten hatte das österreichische Heer bei Königgrätz Aufstellung genommen. Die drei getrennt marschierenden preußischen Armeen sollten sich nach dem Operationsplan Moltkes vor der Hauptarmee des Gegners bei Königgrätz treffen. Da die von dem Kronprinzen Friedrich Wilhelm befehligte Armee nach schweren Kämpfen erst sehr spät eingreifen konnte, war die Lage der beiden anderen preußischen Armeen zeitweise kritisch. Das Eintreffen der Armee des Kronprinzen entschied die Schlacht und führte zu einer vernichtenden Niederlage des österreichischen Heeres. Damit waren der Feldzug und der Sieg der Politik Bismarcks entschieden. Ein Flügeladjutant soll zu Bismarck gesagt haben: «Exzellenz, jetzt sind Sie ein großer Mann. Wenn der Kronprinz zu spät kam, waren Sie der größte Bösewicht.» Ein Wahrheitskern liegt in den Worten, die freilich zugleich die Gefahr jeglichen Urteilens vom Erfolge her zeigen.

Die größten politischen Aufgaben begannen für Bismarck erst nach Königgrätz. Österreich hatte bereits am 2. Juli die französische Vermittlung angerufen und Venetien an Frankreich abgetreten. In Paris hatte man zunächst über einen Sieg der französischen Politik gejubelt, dann allerdings sehr bald die österreichische Niederlage als eigene aufzufassen begonnen. Der schnelle preußische Sieg zerstörte die Hoffnungen Napoleons III., in einer Art schiedsrichterlicher Stellung territorialen Gewinn für Frankreich davonzutragen. Napoleon III. war schwankend und unsicher und hatte die bereits ausgesprochene Teilmobilmachung widerrufen. Wenn sich in Paris die angriffslustigen Kräfte durchgesetzt hätten, so wäre Preußen in eine sehr schwierige Lage geraten, denn die Kämpfe im deutschen Südwesten waren noch nicht abgeschlossen, und die Masse des preußischen Heeres befand sich im Vormarsch auf österreichischem Boden. Bismarck war entschlossen, die Vermittlung Frankreichs anzunehmen, während die Italiener plötzlich sehr unternehmungslustig wurden. Bismarck stieß im preußischen Hauptquartier auf erheblichen Widerstand, da der König und ein Teil der Generale an einen Vormarsch auf Wien dachten. Bismarck wußte natürlich, wie übrigens auch Moltke, von dem Risiko eines Krieges gegen zwei Fronten.

Bei Lage der Dinge wurden für die Friedensbedingungen die Ver-

*Schlacht bei Königgrätz am 3. Juli 1866. Fotografie von H. Schnaebeli. Dritter Reiter im Vordergrund: Bismarck. Ganz rechts: Wilhelm I.*

handlungen mit Paris wichtiger als die mit Wien. Es gehörte zu den größten diplomatischen Leistungen Bismarcks, daß er trotz mancherlei Störungen im eigenen Lager seine wichtigsten politischen Ziele durchsetzen und den Frieden mit Österreich erreichen konnte, ehe die Gefahr der französischen Einmischung sich voll auswirkte. Er hat dabei den französischen Kaiser listenreich überspielt. In einer großen Instruktion hatte Bismarck zunächst die Einverleibung von Sachsen, Hannover und Kurhessen verlangt. Auch bei ihm selbst hatte sich erst im Laufe des Juli der Gesichtspunkt durchgesetzt, daß man die volle Annexion der norddeutschen Mittelstaaten und nicht ihre Teilung verlangen müsse. Da sowohl Österreich wie Frankreich sich entschieden für Sachsen einsetzten, verzichtete Bismarck auf dessen Vernichtung. Es sollte Glied eines norddeutschen Bundes werden, der nach der Auflösung des Deutschen Bundes gebildet werden sollte. *Ich spreche das Wort Norddeutscher Bund unbedenklich aus, weil ich es, wenn die uns nötige Konsolidierung des Bundes gewonnen*

*werden soll, für unmöglich halte, das süddeutsch-katholisch-bayrische Element hineinzuziehen. Letzteres wird sich von Berlin aus noch für lange Zeit nicht gutwillig regieren lassen; und der Versuch, es gewaltsam zu unterwerfen, würde uns dasselbe Element der Schwäche schaffen, wie Süditalien dem dortigen Gesamtstaate.* Die Festigkeit der preußischen Macht in Norddeutschland gewinne durch räumliche Einschränkung. Die künftigen Beziehungen zum Süden könnten der Zukunft überlassen bleiben. *Was wir brauchen, ist Norddeutschland, und da wollen wir uns breitmachen.* Die Überlegung, daß ein preußisch-norddeutscher und überwiegend protestantischer Staat innenpolitisch gefestigter sei als eine Staatsgründung, die auch den deutschen Süden einbezog, spielte für Bismarck eine sehr große Rolle. Nicht erst die Forderung Napoleons hat ihn dazu bewogen, wenigstens zunächst einen Norddeutschen Bund zu verlangen. In den Verhandlungen mit Napoleon III., die durch den preußischen Gesandten in Paris geführt wurden, wurde vereinbart, Preußen solle durch vier Millionen Einwohner in Norddeutschland verstärkt werden. Das bedeutet neben der Erwerbung von Schleswig und Holstein die Einverleibung von Hannover und Kurhessen, von Nassau und Frankfurt. Daneben wurde ein gesonderter Süddeutscher Bund vorgesehen, was Bismarck für gefahrlos hielt, da er die Rivalität der süddeutschen Staaten untereinander kannte.

Bismarck war alles andere als erfreut, als trotz dieser Vereinbarungen mitten in der Nacht der französische Gesandte Benedetti im preußischen Hauptquartier erschien und die Gebietswünsche des französischen Kaisers vorbrachte. Bismarck war bestrebt, ihm durch Waffenstillstand und Vorfrieden mit Österreich zuvorzukommen. Er mußte dabei aber den sehr entschiedenen Widerstand seines Königs überwinden, wobei es zu harten Auseinandersetzungen kam. Bismarck hat später verbittert festgestellt, man habe ihn als Questenberg im Lager bezeichnet. Der König wollte den Einmarsch in Wien und eine überspannte Ausnutzung des Sieges. Er verkannte die außenpolitischen Gefahren. Bismarck schrieb damals an seine Frau: *Uns geht es gut, trotz Napoleon; wenn wir nicht übertrieben in unseren Ansprüchen sind und nicht glauben, die W e l t erobert zu haben, so werden wir auch einen Frieden erlangen, der der Mühe wert ist. Aber wir sind ebenso schnell berauscht wie verzagt, und ich habe die undankbare Aufgabe, Wasser in den brausenden Wein zu gießen und geltend zu machen, daß wir nicht allein in Europa leben, sondern mit noch 3 Mächten, die uns hassen und neiden.*

König Wilhelm verkannte nicht nur die außenpolitischen Schwierigkeiten, sondern widersprach auch aus innenpolitischen Gründen, die an das Legitimitätsprinzip anknüpften, der Absicht, monarchi-

*Friedensverhandlungen in Nikolsburg*

sche Staaten zu vernichten. In der Tat hatten Bismarcks Absichten fast revolutionären Charakter. Während die Revolution von 1848 vor allen deutschen Thronen stehengeblieben war, wollte Bismarck jetzt alte legitime Dynastien beseitigen. Wilhelm I. empfand das, ebenso wie der russische Zar und konservative Kreise, nicht ohne Grund als einen revolutionären Vorgang. Der König wollte diese Staaten verkleinern, nicht vernichten, und er meinte außerdem, daß die Hauptschuldigen an dem Krieg, im besonderen Österreich und Sachsen, nicht ohne Gebietsverluste herauskommen sollten. Im Gegensatz dazu vertrat Bismarck die Auffassung, daß es nicht die Aufgabe der Politik sein könne, ein Richteramt auszuüben. Er dachte auch an die schlechten Erfahrungen, die man nach 1815 mit der Teilung Sachsens gemacht hatte.

Bismarck konnte sich zunächst bei seinem König nicht durchsetzen und befand sich in einer verzweifelten Stimmung. Da kam ihm sein alter Gegenspieler, Kronprinz Friedrich Wilhelm, zu Hilfe und vertrat die Gesichtspunkte des Ministerpräsidenten. Der König gab nach und soll zu seinem Sohne gesagt haben: «Sprich du im Namen der Zukunft.» Trotzdem war der König aufs äußerste verstimmt und fühlte sich, wie Bismarck später überscharf formulierte, von seinem Ministerpräsidenten vor dem Feinde im Stich gelassen.

Der Präliminarvertrag vom 26. Juli, der in allem wesentlichen im Prager Frieden vom August 1866 bestätigt wurde, brachte die von

Napoleon zugestandenen Erwerbungen im deutschen Norden und damit eine sehr erhebliche Machtverstärkung Preußens. Erst jetzt wurde die Teilung des preußischen Staatsgebietes durch die dazwischenliegenden Gebiete Hannover und Kurhessen beseitigt. Sachsen mußte Mitglied eines norddeutschen Bundes werden. Österreich verzichtete auf die Wiederherstellung des Deutschen Bundes. Von Österreich wurde keine Gebietsabtretung verlangt. Auch den süddeutschen Staaten wurden keine Gebietsverluste auferlegt. Bismarck war im ganzen bestrebt, die gegnerischen Staaten verhältnismäßig rücksichtsvoll zu behandeln. Nur in der alten Reichsstadt Frankfurt war die preußische Besatzung außerordentlich scharf vorgegangen, wofür Bismarck selbst weniger die Verantwortung trug. Bei den Verträgen mit den süddeutschen Staaten wurde festgestellt, daß Hessen-Darmstadt mit seinem nördlich des Mains gelegenen Teil in den Norddeutschen Bund eintreten mußte.

Während die englische Politik an den Vorgängen in Deutschland damals im ganzen uninteressiert war, hatte der Zar nicht unerhebliche Bedenken. Bismarck gelang es, sie zu beschwichtigen. Dagegen machte die Haltung des französischen Kaisers erhebliche Schwierigkeiten. Dieser erhob jetzt erneut Ansprüche auf dem linken Rheinufer und verlangte «Kompensationen» für die großen preußischen Erfolge. Bismarck war es gelungen, rechtzeitig den Vorfriedensvertrag abzuschließen, zugleich nutzte er die französischen Forderungen dazu aus, um «Schutz- und Trutzbündnisse» mit Bayern, Württemberg und Baden zustande zu bringen. Sie sagten für den Kriegsfall dem preußischen König den Oberbefehl zu und bedeuteten eine Sicherung gegenüber neuen französischen Ansprüchen.

Auf dem Höhepunkt der von Frankreich drohenden Gefahr war Bismarck entschlossen, notfalls die Mittel der Volksbewegung einzusetzen. Er wollte lieber Revolution machen, als sie erleiden. Er war zunächst am Ende des Krieges im Gegensatz zu einigen konservativen Ministern entschlossen, den Verfassungskonflikt in Preußen beizulegen. Es kam dabei zu manchen Auseinandersetzungen mit seinen alten Freunden. *Die Leutchen haben alle nicht genug zu tun, sehn nichts als ihre eigne Nase und üben ihre Schwimmkunst auf der stürmischen Welle der Phrase. Mit den Feinden wird man fertig, aber die Freunde! Sie tragen alle Scheuklappen und sehn nur einen Fleck von der Welt.* Bei Eröffnung des Landtages bat die Thronrede um die nachträgliche Anerkennung der nicht bewilligten Ausgaben, um «Indemnität». Die Versöhnung mit dem Abgeordnetenhaus stand in Verbindung mit Bismarcks Versuch, in den Zeiten der scharfen Spannung mit Frankreich die Kräfte der liberalen Bewegung für die preußische Politik einzusetzen. Er dachte notfalls an die Proklamierung der Reichsverfassung von 1849, die er allerdings nicht unverändert anzunehmen bereit war. Auch das allgemeine Wahlrecht wollte Bismarck nicht ohne gewisse Sicherungen übernehmen. Vor allem war er Gegner des geheimen Wahlrechts.

All diese Erwägungen wurden unnötig, weil es Bismarck gelang, in den Verhandlungen mit Napoleon dessen Forderungen auf deutsche Gebiete abzuweisen. Er machte lediglich unverbindliche Zusagen, daß Preußen den Franzosen bei der Erwerbung Belgiens helfen werde. Der französische Gesandte war ungeschickt genug, einen von seiner eigenen Hand geschriebenen Vertragsentwurf in Bismarcks Händen zu lassen, der ihn 1870 in einer großen englischen Zeitung veröffentlichen ließ. Bismarck hatte die französischen Forderungen abgewehrt und die Schutz- und Trutzbündnisse zustande gebracht. Trotzdem blieb der im Entstehen begriffene Norddeutsche Bund durch ein gespanntes Verhältnis zu Frankreich belastet. Bei den Friedensschlüssen hatte er Österreich geschont, um den geschlagenen Gegner nicht für alle Zeiten zum Feinde zu haben.

Das Ausscheiden des habsburgischen Staates aus Deutschland hat die Gründung des Norddeutschen Bundes ermöglicht und später den Weg zum kleindeutschen Staat geöffnet. Für die Gesamtstellung des Deutschtums hat das auch nachteilige Folgen gehabt. Die Stellung des deutschen Elementes im habsburgischen Staat wurde erheblich geschwächt, wobei allerdings nicht übersehen werden darf, daß diese Entwicklung bereits vor 1866 begonnen hatte. Bismarcks Politik des friedlichen Dualismus hatte sich als unmöglich erwiesen. Diese Politik scheiterte nicht zuletzt daran, daß Habsburg eine Gleichberechtigung des preußischen Nebenbuhlers nicht anerkennen wollte und daß man in Wien eine preußische Politik, die an friderizianische Traditionen anknüpfte, nicht zulassen wollte. Bismarck hatte den Krieg mit Österreich nicht seit langer Zeit vorbereitet, aber er ist nicht zuletzt durch die Tatsache notwendig geworden, daß zum erstenmal seit dem Tode Friedrichs des Großen ein Mann an der Spitze der preußischen Regierung stand, der bewußt preußische Großmachtpolitik trieb. Die Entscheidung von 1866 vollendete die Großmachtstellung Preußens, von dem Bismarck sagte, es sei bis dahin nur cum grano salis Großmacht gewesen. Zugleich bedeutete die Entscheidung von 1866 eine erhebliche Stärkung der protestantischen Kräfte auf deutschem Boden.

Bismarck hatte schon vor Ausbruch des Krieges darauf hingewiesen, daß die preußischen Vorschläge zur Bundesreform nicht erschöpfend seien und daß die endgültige Lösung nicht auf einmal erreicht werden könne. *Es ist unbillig, zu verlangen, daß e i n e Generation und sogar e i n Mann, sei es auch mein allergnädigster Herr, an einem* Tage gutmachen soll, was Generationen unserer Vorfahren Jahrhunderte hindurch verpfuscht haben. Erreichen wir jetzt, was in der Anlage feststeht, oder Besseres, so mögen unsere Kinder und Enkel den Block handlicher ausdrechseln und polieren. Diese Worte zeigen, daß Bismarck meinte, eine Endlösung der deutschen Frage könne noch Generationen dauern. Bismarck hat ohne Zweifel schon 1866 an eine Verdichtung der Beziehungen zum deutschen Süden gedacht. Seine Einzeläußerungen haben je nach der politischen Lage und auch nach dem Empfänger einen mehr oder weniger optimistischen Ton. Eine feste Vorstellung von einem kleindeutschen Nationalstaat dürfte bei Bismarck noch nicht vorhanden gewesen sein. Ein hessischer Liberaler meinte: «Sein Augenmerk war vorderhand auf ein vergrößertes Preußen gerichtet.»

*Napoleon III.*

In erster Linie lag Bismarck an einer gemeinsamen Außenpolitik und an einer Angleichung der militärischen Einrichtungen. Daneben sollte die Erneuerung des Zollvereins die wirtschaftliche Einheit sichern. Gleichzeitig warnte Bismarck vor überspannten Forderungen, da er die partikularistischen Gegenkräfte kannte. Eine kompakte Gestaltung des Norddeutschen Bundes befriedigte das militärische Sicherheitsbedürfnis. Gegenüber Süddeutschland genüge ein unzweideutiger Ausdruck der nationalen Gemeinschaft. Im Vergleich zum Norddeutschen Bunde könnten die Ziele in einem loseren und freieren Verhältnis zu den süddeutschen Staaten erreicht werden. Er dachte damals keineswegs an die feste Form eines geschlossenen Nationalstaates. Dem Drängen der Liberalen gegenüber mahnte er immer wieder, man solle nur das anstreben, was möglich und erreichbar sei.

Die Maingrenze sei keine wirkliche Mauer, *sondern eine ideale Grenze – um im Gleichnis zu bleiben, gewissermaßen ein Gitter... durch welches der nationale Strom... seinen Weg findet.* Bismarck empfand also die Gemeinschaft mit den süddeutschen Staaten ebenso deutlich, wie er davor warnte, übereilt eine endgültige und feste Lösung zu suchen. Im Grunde hat erst der Deutsch-Französische Krieg von 1870 verursacht, daß die Maingrenze verhältnismäßig schnell überwunden werden konnte. Napoleon III. erwies sich dabei in gewissem Sinne als die Kraft, die das Böse wollte und das Gute schaffte.

Auch innenpolitische Gesichtspunkte bestärkten Bismarcks Neigung, zunächst die Verhältnisse in Norddeutschland zu konsolidieren. Eine Verständigung mit den norddeutschen Liberalen war leichter als die mit den süddeutschen. Die Ereignisse seit 1864 hatten zum Verfall der liberalen Einheitsbewegung geführt. Ein großer Teil der Liberalen war von den Erfolgen Bismarcks überzeugt, die ihre eigenen Ziele, wenn auch auf anderen Wegen, zu erreichen schienen. Man neigte dazu, an den eigenen Auffassungen irre zu werden, und vergaß, daß trotz allen Gegensätzen ohne die Vorarbeit der Liberalen der Erfolg Bismarcks in dieser Form unmöglich gewesen wäre. Miquel, eine der führenden Persönlichkeiten des Nationalvereins, meinte: «Die Zeit der Ideale ist vorüber. Die deutsche Einheit ist aus der Traumwelt in die prosaische Welt der Wirklichkeit hinuntergestiegen. Politiker haben heute weniger als je zu fragen, was wünschenswert, als was erreichbar ist.» Diese Äußerung verkannte, daß wahre Idealpolitik und wahre Realpolitik sich stets ergänzen müssen, und gab echte Ideale preis, was für die weitere Entwicklung im späteren Deutschen Reich verhängnisvoll werden sollte.

Die Entscheidung des Krieges von 1866 hat auch die parteipolitischen Kräfte umgestaltet, wobei sich damals die Bildung der späteren sozialistischen und katholischen Massenparteien erst andeutete. Die gemäßigten Liberalen hatten sich 1867 zur Nationalliberalen Partei zusammengeschlossen und besaßen bis zum Ausgang der siebziger Jahre erheblichen Einfluß auf die innenpolitische Entwicklung. Bismarck war auf ihre Mitarbeit angewiesen, da seine alten konservativen Freunde in scharfem Gegensatz zu seiner Politik und zu den Vorgängen von 1866 standen. Ihre legitimistischen Gesichtspunkte verbanden sich mit preußisch-partikularistischen Bedenken. Denn der außenpolitische Erfolg Bismarcks stärkte auch die konservativen und monarchischen Kräfte, die bei König Wilhelm bedeutenden Rückhalt fanden. Die Kräfte des preußischen Militärs und die Schichten des preußischen Adels blieben auch nach 1867 und nach 1871 sehr einflußreich. Selbstverständlich dachte auch Bismarck trotz dem taktischen Zusammengehen mit den Liberalen nicht daran, seine monarchische und konservative Überzeugung preiszugeben. Bismarcks Glaube an die Kraft der preußischen und monarchischen Tradition war nicht erschüttert. Trotz der «Revolution von oben» waren durch 1866 die Kräfte des «Alten» gestärkt, nicht zuletzt durch den eindeutigen Erfolg Bismarcks. Er war bis zum Ausbruch des Krieges der bestgehaßte Mann in Deutschland gewesen. Jetzt wurde er die große, von allen Seiten anerkannte Persönlichkeit, von der gerade die alten Gegenspieler erwarteten, daß er ihre politischen Ziele fördern werde.

# NORDDEUTSCHER BUND
(1867–1870)

In dem Jahre nach dem Ende des Krieges von 1866 hatte Bismarck eine Fülle von Aufgaben zu lösen. Jede einzelne von ihnen war groß genug, um den Einsatz seiner ganzen politischen Kraft zu rechtfertigen: die Durchführung der Annexionen, die Schaffung der Norddeutschen Bundesverfassung, die Lösung der Zollvereinsfrage und die Meisterung der Luxemburgischen Krise. All diese Fragen griffen auf das engste ineinander. Hinzu kam, daß Bismarck bald nach der Beendigung des Krieges erkrankte und monatelang von Berlin abwesend war.

Zunächst fielen die wichtigsten Entscheidungen über die Durchführung der Annexionen. Bismarck hat versucht, der Masse der Bevölkerung die staatliche Umgestaltung nach Möglichkeit zu erleichtern. Größere Schwierigkeiten gab es nur in Hannover, wo die Anhänger der Welfen noch Jahrzehnte eine gewisse Rolle spielten. Verhältnismäßig schwierig war der Abschluß des Friedensvertrages mit Sachsen, das Glied des Norddeutschen Bundes werden mußte. Die feste Eingliederung Sachsens war für Bismarck selbstverständlich, obwohl er in Einzelheiten zum Entgegenkommen bereit war. Dasselbe galt für Hessen-Darmstadt, das nur mit seinem nördlichen Teil Glied des Norddeutschen Bundes wurde.

Für die Verfassung des Norddeutschen Bundes wurde das allgemeine, gleiche und direkte Wahlrecht vorgesehen. Es lag bereits im Februar 1867 den Wahlen zum Konstituierenden Norddeutschen Reichstag zugrunde. Bismarck hat das allgemeine Wahlrecht gelegentlich als Erbteil von 1848 bezeichnet und bemerkt, daß er kein besseres kenne. Vom preußischen Dreiklassenwahlrecht meinte er, daß es kein elenderes Wahlrecht gäbe, obwohl er bis zu seinem Sturz keinen Augenblick daran gedacht hat, dieses Wahlrecht in Preußen zu ändern, das seit 1867 in wachsendem Maße konservative Mehrheiten ergab. Ganz ohne Vorbehalt hat Bismarck das allgemeine Wahlrecht nicht übernommen und gelegentlich an das napoleonische Mittel der Regierungskandidaten gedacht. Bismarck wehrte sich vor allem gegen die Wählbarkeit der Beamten und gegen das geheime Wahlrecht. Die Heimlichkeit der Wahl stehe im Widerspruch zu den besten Eigenschaften des germanischen Blutes. Wichtiger war natürlich, daß die Einführung der geheimen Wahl die amtliche Wahlbeeinflussung weitgehend unwirksam machte. In diesem Punkte hat er sich gegenüber den Liberalen nicht durchsetzen können; dagegen war sein Einspruch gegen Diäten erfolgreich. Der Verzicht auf Diäten bedeutete wenigstens zunächst, daß sich nur Angehörige der wohlhabenden Schichten wählen lassen konnten.

Bismarcks Zustimmung zu einem nach allgemeinem Wahlrecht gebildeten Parlament verband sich damals mit seiner Auffassung, daß der Reichstag und der liberale Einfluß ein Gegenmittel gegen partikularistische Anforderungen seien. Mehrfach hat er damals den Einzelstaaten gegenüber damit gedroht, daß man die Strömungen der nationalen Bewegung benutzen könne. Diese Haltung entsprang auch der gespannten außenpolitischen Lage, die durch die Interventionsbestrebungen Napoleons III. entstanden war. Der französische Kaiser hatte immer wieder versucht, über seine innenpolitischen Schwierigkeiten dadurch hinwegzukommen, daß er Entschädigungen für den preußischen Sieg bei Königgrätz erhielt. In französischen Kreisen forderte man Rache für Sadowa, dem französischen Namen dieser Schlacht. Napoleon III. begann einzusehen, daß er trotz unverbindlicher Andeutungen Bismarcks von ihm wirkliche Hilfe für Abtretungen auf deutschem Boden und die Erwerbung Belgiens nicht erreichen konnte. Schließlich verdichteten sich die französischen Forderungen darauf, Luxemburg zu annektieren. Bismarck hatte mehrfach Andeutungen gemacht, daß er den Erwerb Luxemburgs zulassen werde, das zum Deutschen Bund gehört hatte. In der Stadt Luxemburg, die Bundesfestung gewesen war, blieb auch nach 1866 eine preußische Besatzung. Napoleon III. hatte in Verhandlungen mit Holland, dessen König der Souverän von Luxemburg war, erreicht, daß dieser ihm Luxemburg verkaufen wollte. Bismarck würde das wahrscheinlich geduldet haben, wenn die Annexion Luxemburgs durch Frankreich ohne Verletzung des deutschen Nationalgefühls erreichbar gewesen wäre. Er warf den Franzosen vor, sie hätten durch überstürzte Veröffentlichung alles verdorben.

Bismarck meinte, daß er eine Abtretung deutschen Gebietes um der Stellung Preußens in Deutschland willen nicht offen unterstützen könne. Als auf Grund der Verhandlungen zwischen Frankreich und Holland die nationale Erregung in Deutschland aufflammte, war Bismarck entschlossen, die Erwerbung Luxemburgs durch Frankreich nicht zuzulassen. Eine liberale Interpellation über die Luxemburgische Frage, die wohl auf Grund einer Verabredung mit Bismarck erfolgte, hat dieser verhältnismäßig zurückhaltend beantwortet, aber darauf hingewiesen, daß er eine Antastung deutschen Gebietes nicht zulassen werde. Die Holländer machten daraufhin die Verabredungen mit Frankreich rückgängig. Es ist verständlich, daß der französische Kaiser sich getäuscht fühlte. Die Erregung der französischen Öffentlichkeit wandte sich gegen die preußische Politik und trieb die Auseinandersetzung um Luxemburg bis zur Kriegsgefahr. Bismarck war zu einem Kompromiß bereit und wollte keinen «Präventivkrieg» mit Frankreich. Er berief sich auf die Eindrücke auf dem Schlachtfeld, die er 1866 empfangen hatte, und meinte, kein Staatsmann habe das Recht, einen Krieg zu führen, *bloß weil er nach seinem subjektiven Ermessen ihn in gegebener Frist für unvermeidlich hält. Wären zu allen Zeiten die Minister des Äußeren ihren Souveränen bzw. deren Oberfeldherrn in die Feldzüge gefolgt, wahrlich, die Geschichte würde weniger Kriege zu verzeichnen haben!* Auf einer internationalen Konferenz in London wurde im Mai 1867 vereinbart, daß Preußen seine Besatzung aus Luxemburg zurückzog und England die Neutralität der Festung garantierte. König Wilhelm stimmte nur ausgesprochen ungern zu, Napoleon III. meinte, daß ihm die preußische Politik einen schon sicheren Gewinn aus den Händen genommen habe.

Bismarck hatte die Luxemburger Krise dazu benutzt, die Beziehungen zu den süddeutschen Staaten zu verdichten und ein besseres Verhältnis zu Österreich herbeizuführen. Er veröffentlichte die Schutz- und Trutzbündnisse, obwohl die Haltung der süddeutschen Staaten zeigte, daß sie nur bedingt auf seiten der preußischen Politik standen. Bismarck versuchte vor allem, ein möglichst gutes Verhältnis zu Bayern zu erhalten, gleichzeitig wollte er die Beziehungen zwischen Österreich und dem Norddeutschen Bund verbessern. Es kam zu Verhandlungen, die mit bayerischer Vermittlung ein engeres Zusammengehen zwischen Wien und Berlin herbeiführen sollten. Bismarck hielt das während der Luxemburger Krise taktisch für richtig, stieß aber im ganzen auf Ablehnung in Wien. Wenn man die Verhandlungen mit Österreich in den Zeiten der Luxemburger Krise als die «Sonnennähe des großdeutschen Gedankens» im Leben Bismarcks bezeichnet hat, so läßt sich diese Deutung kaum mit den Tatsachen vereinbaren. Ganz abgesehen von der taktischen Lage, sah Bismarck allzeit den habsburgischen Staat als europäische Macht an, ohne daß dabei großdeutsche Gedankengänge eine Rolle spielten. Auch im Verhältnis zu den süddeutschen Staaten war er damals der Auffassung, daß man die Dinge nicht überstürzen dürfe. Der Süden müsse aus freiem Entschluß zum Norden kommen, auch wenn er dreißig Jahre brauche.

In die Zeit der Luxemburger Krise fiel auch die Entstehung der Verfassung des Norddeutschen Bundes, die in allem Wesentlichen zur Verfassung des Deutschen Reiches von 1871 werden sollte. Es gab zahlreiche Entwürfe, und die Legende ist längst widerlegt, daß Bismarck den Entwurf der Verfassung in wenigen Stunden diktiert habe. Bismarck war es von Anfang an klar, daß die Verfassung tatsächlich dem preußischen Staat die unbedingte Verfügung über Norddeutschland sichern müsse, wobei er bereit war, in der formalen Ausgestaltung auf die Gefühle der Bundesgenossen Rücksicht zu nehmen. Ihm kam es, wie später im Jahre der Reichsgründung, auf die Sache und nicht auf die Form an. Er wollte nach Möglichkeit an die früheren Formen des Deutschen Bundes anknüpfen, was das Zustandekommen erleichtern sollte. Ihm lag in keiner Weise an einer einseitigen Systematik der zu schaffenden Verfassung. *Eine vollendete Minerva aus dem Kopfe des Präsidiums entspringen zu lassen, würde die Sache in den Sand der Professorenstreitigkeiten* führen. An den ersten Entwürfen hatte Bismarck ausgesetzt, sie seien zu zentralistisch, um den Beitritt der Süddeutschen zuzulassen. *Man wird sich in der Form an den Staatenbund halten müssen, diesem aber praktisch die Natur des Bundesstaates geben mit elastischen, unscheinbaren, aber weitgreifenden Ausdrücken. Als Zentralbehörde wird daher nicht ein Ministerium, sondern ein Bundestag fungieren, bei dem wir, wie ich glaube, gute Geschäfte machen, wenn wir uns zunächst an das Kuriensystem des alten Bundes anlehnen.* Ein System, das sich an die hergebrachten Bundesbegriffe anschlösse, würde bei den Beteiligten leichter Eingang finden, auch wenn es Preußen dieselbe dominierende Stellung sichere. Bei der Ablehnung eines Ministerkabinetts spielte auch Bismarcks Abneigung gegen das Kollegialprinzip eine Rolle. Außerdem neigte er auch deshalb zu einer Lösung, die einen Bundesrat, aber kein Ministerium vorsah, weil eine solche Körperschaft dem Parlament nicht verantwortlich sein würde.

Die Verfassung des Norddeutschen Bundes sah in der Form, in der sie zunächst vorgelegt wurde, außerordentlich geringe Rechte für das Parlament vor. Das Budgetrecht war sehr begrenzt, und ein Einfluß auf die militärischen Einrichtungen sollte möglichst ausgeschaltet werden. Zunächst hatte Bismarck auch dem Amt des Bundeskanzlers verhältnismäßig geringe Bedeutung geben wollen. Später hat sich Bismarck dazu entschlossen, das Amt des Bundeskanzlers selbst zu übernehmen, für das die Liberalen die Verantwortlichkeit gegenüber dem Parlament beantragt hatten.

Die föderalistischen Elemente konnten den hegemonialen Charakter des Verfassungsentwurfes nicht verhüllen. Es war deshalb nicht erstaunlich, daß fast alle Kleinstaaten, die sich dem Norddeutschen Bund anschließen mußten, über den Verfassungsentwurf entsetzt waren. Am lebhaftesten war der Widerstand in Hamburg. Der Abschluß der Verhandlungen vollzog sich in fast diktatorischen Formen, auch wenn nach außen der Schein der Freiwilligkeit gewahrt wurde. Alle Verhandlungskünste Bismarcks hatten nicht verhindern können, daß die Vertragspartner sehr deutlich spürten, wie sehr sich hinter den föderativen Verfassungselementen die preußische Hegemonie verbarg.

Auch die preußischen Ministerkollegen Bismarcks waren über den Verfassungsentwurf wenig erbaut. Ihr Widerspruch verband sich mit der Sorge der spezifisch altpreußischen Kreise, die Besonderheit der preußischen Einrichtungen könne durch diese Entwicklung gestört werden. Bismarck ruiniere den preußischen Staat. Bismarck selbst hat immer wieder betont, daß der Bundeskanzler nichts Wichtiges anordnen werde, ohne sich der Zustimmung seiner preußischen Kollegen zu versichern. Das sei aber ein Internum des preußischen Staatsministeriums.

Bei den Wahlen zum Norddeutschen Reichstag im Februar 1867 hatten die gemäßigten Gruppen, vor allem die Nationalliberalen, die überwiegende Mehrheit erhalten. Sie drängten stärker, als Bismarck lieb war, nach einer Überwindung der Maingrenze und verlangten ein entschiedeneres Vorgehen gegen die partikularistischen Kräfte in Norddeutschland. Maßgebende Liberale warfen Bismarck damals vor, daß er den Sieg nicht recht auszunutzen verstände.

Bei den Verhandlungen im Konstituierenden Norddeutschen Reichstag gelang es den Liberalen, die Verfassung des Norddeutschen Bundes im Sinne ihrer Auffassungen nicht unerheblich zu verbessern. So wurde die Stellung des Reichstages verstärkt und in den militärischen Fragen ein gewisses Bewilligungsrecht vorgesehen. Es gelang aber nicht, ein verantwortliches Bundesministerium durchzusetzen. Die Verfassung sah schließlich die Gegenzeichnung des Bundeskanzlers vor, nicht seine Verantwortlichkeit im Sinne einer parlamentarischen Regierung, änderte aber trotzdem seine Stellung nicht unerheblich. Bismarck wurde damit als Bundeskanzler und später als Reichskanzler der einzige Minister im Gegensatz zur Kollegialverfassung des preußischen Ministeriums.

Wenn Bismarck dem Norddeutschen Reichstag in einigen wichtigen Fragen entgegengekommen war, so sprachen damit während der Luxemburger Krise auch außenpolitische Gründe mit. Bismarck hat mehrfach die Abgeordneten gemahnt, eine Lösung der deutschen Frage nicht durch Uneinigkeit zu verzögern. Er hat sich dabei auf das alte deutsche Reich berufen, was bei ihm durchaus ungewöhnlich war. *Einst mächtig, groß und geehrt, weil einig und von starken Händen geleitet, sank das deutsche Reich, nicht ohne Mitschuld von Haupt und Gliedern, in Zerrissenheit und Ohnmacht. Des Gewichtes im Rate Europas, des Einflusses auf die eigene Geschicke beraubt, ward Deutschland zur Wahlstatt der Kämpfe fremder Mächte, für welche es das Blut seiner Kinder, die Schlachtfelder und die Kampfpreise hergab. Niemals aber hat die Sehnsucht des deutschen Volkes nach seinen verlorenen Gütern aufgehört, und die Geschichte unserer Zeit ist erfüllt von den Bestrebungen, Deutsch-*

*Albrecht Graf von Roon*

land und dem deutschen Volke die Größe seiner Vergangenheit wieder zu erringen. Man solle das große Werk nicht durch kleinliche Auseinandersetzungen scheitern lassen. *Meine Herren arbeiten wir rasch! setzen wir Deutschland sozusagen in den Sattel. Reiten wird es schon können.* Das war ein etwas kühner Vergleich; denn Bismarck, der viele Stunden seines Lebens auf dem Pferderücken zugebracht hatte, wußte natürlich, daß jemand, den man in den Sattel setzt, damit noch nicht ohne weiteres reiten kann. Die Art der Verfassung hat dem deutschen Volke auch gewiß nicht erleichtert, reiten zu lernen.

Bismarck hatte in dieser Zeit mehrfach preußisch-norddeutsch und deutsch gleichgesetzt. Das bedeutete allerdings nicht, daß damit das Provisorische des 1867 geschaffenen Zustandes betont werden sollte. 1869 schrieb er seinem Freunde Roon bei Auseinandersetzungen über die Marine: *Die Form, in welcher der König die Herrschaft in Deutschland übt, hat mir niemals eine besondere Wichtigkeit gehabt; an die Tatsache, daß er sie übt, habe ich alle Kraft des Strebens gesetzt, die mir Gott gegeben, und daß unser Herr der Gebieter über die deutschen Seekräfte in vollstem Maße ist, steht außer Zweifel.* Er und Roon seien beide Norddeutsche, aber er hoffe, daß ihre Söhne einst in einer königlich-deutschen Flotte und dem königlich-deutschen Heere dienten.

Auf Grund der Verhandlungen von 1867 wurde der Zollverein zwischen dem Norddeutschen Bund und den süddeutschen Staaten in einer Form umgebildet, die die Gemeinsamkeit zwischen Norden und Süden zum Ausdruck bringen sollte. Der Deutsche Zollverein sollte durch einen Zollbundesrat und durch ein Zollparlament vertreten werden. Die Wahlen für das Zollparlament im deutschen Süden

1868 mußten freilich bitter enttäuschen, besonders in Bayern und Württemberg siegten die preußenfeindlichen klerikalen und radikaldemokratischen Gruppen. Bismarck empfand das mit gutem Grund als einen Rückschlag, bei dem die Agitation der katholisch-kirchlichen Stellen eine erhebliche Rolle gespielt hatte. Die Kräfte des Katholizismus begannen sich politisch zu organisieren. Bald trat Bismarck als Führer der Zentrumspartei der ehemalige hannoversche Ministerpräsident Windthorst gegenüber; Bismarcks gespanntes Verhältnis zu dem katholischen Politiker geht aus seiner Bemerkung hervor, er habe seine Frau *zur Liebe* und Windthorst *für den Haß*.

*Ludwig Windthorst*

Bismarcks 1867 verhältnismäßig optimistische Äußerungen über das Verhältnis zum Süden wichen unter dem Eindruck der Zollvereinswahlen deutlich einer sehr viel stärkeren Zurückhaltung. Er betonte immer wieder, daß die preußische Politik jeden Druck vermeiden wolle. Die süddeutschen Staaten müßten in freier Entschließung dem Norddeutschen Bund beitreten. In den nächsten Jahren verschärften sich die partikularistischen Stimmen aus dem Süden. Die Gefahr der Mainlinie zeigte sich sehr deutlich. Zugleich bestätigte sich, daß im Gegensatz zu weit verbreiteten Auffassungen die wirtschaftliche Gemeinsamkeit nicht unbedingt die politische Gemeinschaft herbeiführt. Die Mainlinie war nicht nur, wie Bismarck gelegentlich gemeint hat, ein durchlässiges Gitter, sondern bei längerer Dauer eine durchaus gefährliche Scheidelinie.

Bismarck hat immer wieder auch in Äußerungen nach Paris darauf hingewiesen, daß man die süddeutschen Staaten nicht drängen dürfe. Er wandte sich deshalb gegen das Bestreben der badischen Regierung und auch der Liberalen, Baden in den Norddeutschen Bund aufzunehmen. Er versuchte andererseits mit allen Mitteln, die Beziehungen zu München möglichst freundlich zu gestalten. Bei allen Äußerungen über den deutschen Süden in diesen Jahren wird deutlich, daß Bismarck mit langen Fristen rechnete. Im Mai 1868 meinte er: *Wir tragen alle die nationale Einigung im Herzen, aber für den rechnenden Politiker kommt zuerst das Notwendige und dann das Wünschenswerte, also zuerst der Ausbau des Hauses und dann dessen Erweiterung. Erreicht Deutschland sein nationales Ziel noch im neunzehnten Jahrhundert, so erscheint mir das als etwas Großes und wäre es in zehn oder gar fünf Jahren, so wäre das etwas Außerordentliches, ein unerhofftes Gnadengeschenk von Gott.* In einem Schreiben nach Petersburg besagte ein eigenhändiger Zusatz Bismarcks, der Gesandte wisse, *welche Gefahren für unsere innere Konsolidierung wir als Folge einer übereilten Verschmelzung Süddeutschlands mit dem Norden zu erwarten hätten.* Die Entwicklung könne, meinte er ein andermal, durch einen europäischen Krieg beschleunigt werden, den er aber nicht wünsche.

Bismarck unterschied bezüglich der süddeutschen Verhältnisse zwei verschiedene Ziele, ein ferner liegendes und ein näheres. Er betonte mehrfach die Bedingtheit partikularistischer Bildungen. Man könne die Geschichte der Vergangenheit weder ignorieren, noch die Zukunft machen. Er warnte vor dem Mißverständnis, *daß wir uns nicht einbilden, wir können den Lauf der Zeit dadurch beschleunigen, daß wir unsere Uhren vorstellen. Mein Einfluß auf die Ereignisse, die mich getragen haben, wird zwar wesentlich überschätzt, aber wird mir gewiß keiner zumuten, Geschichte zu m a c h e n ... Die Geschichte können wir nicht machen, sondern nur abwarten, daß sie sich vollzieht. Wir können das Reifen der Früchte nicht dadurch beschleunigen, daß wir eine Lampe darunter halten, und wenn wir nach unreifen Früchten schlagen, so werden wir nur ihr Wachstum hindern und sie verderben.* Ein andermal heißt es um dieselbe Zeit, daß die deutsche Einheit in diesem Augenblick keine reife Frucht sei. All das zeigt Bismarcks Grundüberzeugung, daß man Geschichte nicht machen könne, und seine Fähigkeit zu warten. Er unterschätzte die Gefahr, daß aus der Mainlinie eine dauernde Grenze werden konnte. Erst die französische Politik 1870 hat die Entwicklung in der deutschen Frage wieder vorangetrieben.

Es war Bismarck aus diesen Gründen keineswegs angenehm, daß die Liberalen auf die Aufnahme Badens in den Norddeutschen Bund drängten, die er für eine Halbheit hielt. Er hat das ziemlich schroff als Einmischung in die Außenpolitik bezeichnet. Man wolle eine engere Verbindung mit dem gesamten Süden, *aber in voller Freiwilligkeit, ohne Drohung, ohne Pression, ohne Druck.* Bismarck verwies auf die bedeutenden Erfolge, die im letzten Jahrzehnt errungen worden seien. Der Präsident des Norddeutschen Bundes übe durch den Oberbefehl im Kriege ein Stück kaiserlicher Gewalt in Süddeutschland aus. Die Abgeordneten sollten nicht unterschätzen, was erreicht sei. *Genießen Sie doch einen Augenblick froh, was Ihnen beschieden, und begehren Sie nicht, was Sie nicht haben!* Diese Haltung war damals durchaus begreiflich. Andererseits zeigt doch der Tatbestand, daß Bismarck immer wieder von langen Fristen und von einem Menschenalter sprach, die möglichen Gefahren einer derartigen Politik. Man hat immer wieder behauptet, ohne Bismarck hätte ein deutscher Nationalstaat auf friedlichem und liberalem Wege entstehen können. Der wichtigste Gegengrund gegen diese Auffassung ist, daß ein Menschenalter später im Zeitalter des Imperialismus die umliegenden Mächte die Schaffung der deutschen Einheit nicht mehr zugelassen hätten. Hinter allen Äußerungen Bismarcks in dieser Zeit stand doch seine Überzeugung, daß aus innenpolitischen Gründen wenigstens für absehbare Zeit die preußisch-norddeutsche Lösung stärker sei. Die liberale Einheitsbewegung wollte dagegen auf Grund der Entscheidung von 1866 den kleindeutschen Nationalstaat und nicht eine großpreußisch-norddeutsche Lösung.

Die gesamte Haltung Bismarcks ist freilich auch zu verstehen aus den Schwierigkeiten der außenpolitischen Lage und aus dem undurchsichtigen Verhalten Bayerns und Württembergs. Bismarck hatte durch seine außenpolitische Haltung die Bundesgenossenschaft Rußlands erreicht. Eine offene Gegnerschaft der englischen Politik war nicht zu erwarten. Der eigentliche Gegenspieler der preußischen Politik war neben Österreich-Ungarn vor allem Frankreich, das den preußischen Erfolg von 1866 und das Scheitern der Erwerbung von Luxemburg nicht verzeihen wollte. Bismarck meinte nicht ohne Grund, daß der französische Kaiser einen Krieg wegen Luxemburg nicht wolle. Aber er wußte, daß Napoleon III. nicht unbedingt Herr über die französische Haltung war. Auch Bismarck selbst war in keiner Weise gewillt, einen Krieg mit Frankreich herbeizuführen, obwohl er wußte, daß von ihm eine schnellere Lösung der deutschen Frage zu erwarten sei. Bismarck hielt einen kriegerischen Konflikt mit Frankreich für möglich, aber keineswegs für unabwendbar, und tat alles, um ihn zu vermeiden.

Der eigentliche Gegenspieler Bismarcks seit 1867 war der österreich-ungarische Außenminister Graf von Beust. Er behauptete, der Prager Friede verbiete einen Zusammenschluß der süddeutschen Staaten mit dem Norddeutschen Bund, und er versuchte, von der orientalischen Frage her, eine außenpolitische Front gegen Preußen herzustellen. Es kam mehrfach zu Verhandlungen zwischen Österreich-Ungarn und Frankreich und auch Italien, denen Bismarck entgegenzuwirken versuchte. Es gelang diesen Mächten nicht, ein festes Bündnis herzustellen. Schließlich kam es zum Austausch von Briefen zwischen den beteiligten Herrschern, die unverbindlich waren.

Neben den außenpolitischen Auseinandersetzungen standen die mit den drei Parlamenten, dem Abgeordnetenhaus, dem Herrenhaus und dem Norddeutschen Reichstag, worüber Bismarck immer wieder klagte. Es kam dabei zu lebhaften Auseinandersetzungen zwischen Bismarck und den Liberalen, wobei der Ministerpräsident immer wieder kritisierte, daß die Liberalen von der Außenpolitik nichts verständen. Mit Beredsamkeit habe man noch nie feindliche Heere aufgehalten. Bei den Auseinandersetzungen über das Strafrecht hatte der Norddeutsche Reichstag die Beseitigung der Todesstrafe verlangt, was Bismarck verhinderte. Trotzdem begann im Norddeutschen Bund ein innenpolitischer Ausbau in liberalem Sinne. Bismarck mußte sich dabei immer wieder gegen den Partikularismus der preußischen Konservativen und im besonderen des Herrenhauses wehren. Bismarck schrieb darüber einmal: *Ich habe nicht geglaubt, daß ein so borniertet Partikularismus... in politisch gebildeten preußischen Kreisen so gewurzelt wäre. Zum Glück ist es für den Bund ganz gleichgültig, was die Herren beschließen, die Abnutzung des Herrenhauses in dieser unverständigen Weise ist aber, bei dem Mangel an Maß und Takt im andern Hause, ein Schaden für den Gang unsrer Entwicklung.* Im Gegensatz zu einem mißverstandenen preußischen Partikularismus betonte Bismarck immer wieder die unbedingte Einheit zwischen Bund und Preußen. Er wandte sich auch immer wieder gegen den Ressortstandpunkt seiner preußischen Ministerkollegen und meinte, man solle auch in Preußen nur einen einzigen verantwortlichen Minister haben.

Neben all diesen Schwierigkeiten entstanden auch mancherlei Konflikte über die Behandlung der 1866 erworbenen Gebiete mit den verschiedenen preußischen Stellen und auch mit dem König. Bismarck hat durchweg versucht, eine entgegenkommende Haltung einzunehmen. Das galt in gewissem Sinne auch von Hannover, obwohl Bismarck hier gegen den welfischen König, der in Wien saß, zu energischen Maßnahmen griff. Bismarck ließ die Einkünfte des ehemaligen hannoverschen Königs beschlagnahmen und bildete daraus einen Geheimfonds, der auf Grund einer Äußerung Bismarcks den Namen *Reptilienfonds* bekam. Gegen ihn ist immer wieder polemisiert worden, obwohl die hier zur Verfügung stehenden Mittel mit der Höhe der Geheimfonds kaum verglichen werden können, die später und auch heute für derartige Zwecke bereitgestellt worden sind. Trotzdem hat sich Bismarck bemüht, in jeder Weise die Eingliederung Hannovers zu erleichtern und hat sich gelegentlich mit aller Entschiedenheit dagegen gewehrt, daß ein als Oberpostdirektor vorgeschlagener ehemaliger Hannoveraner vom Kabinett abgelehnt wurde, da er erst drei Jahre in preußischen Diensten sei. Bismarck hat sich darüber ungewöhnlich stark geärgert und das als Störung für seine Gesamtpolitik empfunden.

Bismarck war in diesen Jahren immer wieder krank und blieb Berlin fern. Gelegentlich sehnte er sich nach Ruhe und Beendigung aller dienstlichen Tätigkeit. Im Umgang mit anderen Menschen war er gereizt und unbeherrscht. Es kam dabei immer wieder auch zu Verstimmungen mit dem König, die Bismarck höfischen Intrigen zuschrieb. Das Treuegefühl ge-

*Friedrich Ferdinand Graf von Beust*

genüber Wilhelm I. wurde allerdings dadurch nicht erschüttert. Er hat nach wie vor betont, daß er dem König nicht als konstitutioneller Minister, sondern so diene, wie es einem christlichen Edelmann zukomme. Trotzdem kam es häufiger zu sachlichen Differenzen mit Wilhelm I., die Bismarck gelegentlich auf die badische Familienkorrespondenz zurückführte. Immer wieder beklagte er sich, daß seine sachlichen Vorschläge nicht befolgt würden. *Ich bin mit meinen Kräften wieder fertig; ich kann die Kämpfe gegen den König gemütlich nicht aushalten*, heißt es 1869. In einem Entlassungsgesuch meinte er: *Ein Minister sollte kühlern Herzens, weniger reizbar und vor allem gesunder sein, als ich es bin*. Ihn schreckte die Möglichkeit, *daß mein Geist früher zur Ruhe gelangen könne als mein Körper*. Der König lehnte das Entlassungsgesuch ab und meinte: «Ihr Name steht in Preußens Geschichte höher als der irgendeines preußischen Staatsmanns. Den soll ich lassen? Niemals! Ruhe und Gebet wird alles ausgleichen.» Auch mit seinen konservativen Freunden kam es damals immer wieder zu Auseinandersetzungen.

Innere Zerrissenheit sprach aus mancher Äußerung in dieser Zeit. Es waren wieder die zwei Seelen in seiner Brust, die miteinander kämpften. Er fühlte sich als treuer Diener seines Königs, auf der anderen Seite stand der Eindruck der allgemeinen nationalen Bewegung, dem er sich nicht entziehen konnte. Bei der Haltung der Konservativen war er zur Zusammenarbeit mit den Liberalen gezwungen, deren innenpolitische Ziele er nach wie vor leidenschaftlich bekämpfte.

Diese inneren Spannungen hörten zunächst auf, als, wie Bismarck im Dezember 1870 schrieb, ein unerwarteter französischer Angriff das deutsche Nationalgefühl aufrief. Das stellte Bismarck vor große und klare Entscheidungen, und sofort war sein Gesundheitszustand so gut wie seit langem nicht.

# DEUTSCH-FRANZÖSISCHER KRIEG – REICHSGRÜNDUNG
(1870/71)

Der Deutsch-Französische Krieg entstand aus einem Anlaß, der von den Problemen der deutschen Politik sehr weit entfernt war. Der spanische Thron war vakant, und unter den Persönlichkeiten, die für die Neubesetzung in Frage kamen, spielte der Prinz Leopold von Hohenzollern-Sigmaringen aus einer katholischen Nebenlinie des preußischen Herrscherhauses eine Rolle. Bismarck hatte, ohne Wissen seines Königs, die Kandidatur in Madrid vorbereitet und trat für die Annahme ein, obwohl König Wilhelm, der als Familienhaupt der Hohenzollern seine Genehmigung geben mußte, erhebliche Bedenken hatte. Bismarck sah in der Thronbesteigung eines entfernten Verwandten seines Königs eine gewisse Stütze für die preußisch-deutsche Politik. Er überschätzte dabei die Bedeutung, die derartige dynastische Verbindungen in der zweiten Hälfte des 19. Jahrhunderts noch haben konnten.

Die hohenzollernsche Thronkandidatur ist einer der umstrittensten Vorgänge der neueren Geschichte. Trotz manchen Meinungsverschiedenheiten ist unbestreitbar, daß Bismarck sehr viel intensiver, als er es später darstellte, sich für die Thronkandidatur eingesetzt hatte, von der er nach außen erklärte, daß sie kein Gegenstand amtlicher preußischer Politik sei. Natürlich war klar, daß man in Frankreich die Thronbesteigung eines Hohenzollern in Madrid nicht als Freundlichkeit auffassen würde. Bismarck hatte aber nicht damit gerechnet, daß dieser Vorgang die französische Kriegslust aufreizen und zum Kriege führen werde.

Die Haltung Bismarcks ist nur verständlich bei einem Blick auf die gesamte politische Lage. Die Verhandlungen zwischen Österreich-Ungarn, Frankreich und Italien hatten, wie wir sahen, nur zu dem Austausch von Briefen der beteiligten Herrscher geführt. Trotzdem lag die Gefahr dieser Verhandlungen auf der Hand. Bei Vertragsentwürfen war eine Art Aufteilung Deutschlands in mehrere Gruppen geplant worden. Bei einem Besuch des Erzherzogs Albrecht, der als Führer der österreichischen Kriegspartei galt, in Paris war über Offensivpläne gegen den deutschen Süden verhandelt worden. Zu den Gegenmitteln Bismarcks gehörte auch die spanische Thronkandidatur, die dann den Ausbruch des Krieges veranlaßte.

Eine vorzeitige Veröffentlichung über die spanische Thronkandidatur führte zu leidenschaftlicher Erregung in Frankreich und zu einem lebhaften Pressefeldzug. Das Berliner Auswärtige Amt erklärte entsprechend einer Anweisung Bismarcks, der Norddeutsche

*Wilhelm I. und der Gesandte Benedetti in Bad Ems am
13. Juli 1870. Nach einer Zeichnung von H. Lüders*

Bund und Preußen hätten mit der ganzen Angelegenheit nichts zu tun. Es sei eine persönliche Angelegenheit des Königs als Vorstand des Hauses Hohenzollern, was höchstens formal zutraf.

Bismarck unterschätzte zunächst die Stärke der französischen Erregung, die dadurch verständlich wurde, daß die letzten Jahre den Franzosen eine politische Schlappe nach der anderen gebracht hatten. Da man auf Grund der Taktik Bismarcks durch Vorstellungen in Berlin nichts erreichen konnte, schickte man schließlich den Gesandten Benedetti zu König Wilhelm, der sich in Ems zur Kur aufhielt. In der französischen Kammer kam es zu Drohungen der Minister. Frankreich könne nicht dulden, daß eine fremde Macht einen ihrer Prinzen auf den Thron Karls V. setze. Da Bismarck erklärt hatte, es handle sich um eine Familienangelegenheit, mußte er den König in Ems allein lassen. Wilhelm I. hat sich ohne seinen Berater nicht sehr geschickt benommen. Schließlich verzichtete Karl Anton von Hohenzollern-Sigmaringen für seinen Sohn auf die Kandidatur, um einen Krieg zu vermeiden. König Wilhelm schrieb an seine Gemahlin, ihm sei ein Stein vom Herzen. Er teilte dem französischen Gesandten den Verzicht des Prinzen mit. Das stand in scharfem Gegensatz zu den Auffassungen Bismarcks, der nicht ohne Grund meinte, durch diese Behandlung würde der ganze Vorgang so aussehen, als ob der preußische König unter dem Druck französischer Drohungen

*Die von Bismarck redigierte Emser Depesche, 13. Juli 1870*

zurückgewichen sei. Er sah darin eine nationale Demütigung, die die Stellung Preußens in Deutschland und Europa schwächen müsse. Bismarck war auf das äußerste deprimiert und dachte an Rücktritt. In gewissem Sinne war Bismarck an der eigenen Taktik gescheitert, die Kandidatur als Familienangelegenheit zu behandeln.

Erst die Überspanntheit der französischen Haltung hat es Bismarck ermöglicht, aus dieser politischen Schlappe herauszukommen. In Paris siegte trotz dem Verzicht des Prinzen jetzt die radikale Richtung. Benedetti mußte von König Wilhelm fordern, er solle versprechen, daß er auch in Zukunft seine Zustimmung zu der Kandidatur eines Hohenzollernprinzen nicht geben werde. König Wilhelm ließ Benedetti durch einen Adjutanten sagen, er billige den Verzicht des Prinzen, aber er könne ihn in der Sache nicht mehr empfangen.

Diesen Vorgang hat König Wilhelm in einem Telegramm aus Ems seinem Ministerpräsidenten mitteilen lassen, der mit Moltke und Roon zusammensaß. Er stellte Bismarck anheim, die Öffentlichkeit zu unterrichten. Bismarck hat darauf das Emser Telegramm gekürzt und umredigiert, ohne den Vorgang zu entstellen. Immerhin wurde in der neuen Form die Ablehnung eines erneuten Empfangs Benedettis zu einer scharfen Zurückweisung. Moltke soll die neue Redaktion der Depesche mit den Worten begrüßt haben: «Vorher klang es wie eine Chamade, jetzt wie eine Fanfare in Antwort auf eine Herausforderung.»

Bismarck wußte sehr wohl, daß die Veröffentlichung der Depesche in dieser Form zum Kriege mit Frankreich führen konnte. In Deutschland war man auf Grund dieser Darstellung der Emser Gespräche entrüstet über den französischen Gesandten, der den alten König Wilhelm auf der Kurpromenade belästigt habe. Bismarck war durch die Depesche aus einer politischen Schlappe herausgekommen. Wenn man die Depesche oft als eine Fälschung bezeichnet hat, so ist das nur bedingt richtig. Auch heute ist es allgemeiner Brauch, politische Verlautbarungen durch Umformulierung und Kürzung im Sinne des politischen Zweckes zu verschärfen, wobei die Grenze zwischen Fälschung und Kürzung fließend ist. Die Wirkung der Depesche in Frankreich war, daß man in Paris jetzt den Krieg beschloß. Auch ohne die Depesche hätte die Erregung der französischen Politiker zum Kriege führen können. Die spanische Thronkandidatur war jedenfalls höchstens der Anlaß zum Kriege. Der tiefere Grund war, daß Frankreich die politische Einigung Deutschlands verhindern wollte.

Beide Seiten begannen den Krieg, wie so häufig, in dem Glauben, daß der Gegenspieler der Angreifer sei. In Paris dachte man an eine Verkleinerung Preußens und an die Bildung mehrerer deutscher Staatengruppen. Man glaubte, daß die süddeutschen Staaten dem Kriege

*Napoleon III. und Bismarck am 2. September 1870*

fernbleiben würden, und in der Tat hat die «Patriotenpartei» in München zunächst diese Absicht gehabt. Unter dem Druck der nationalen Bewegung erkannte man dann aber auch in München den Bündnisfall an. Als am 19. Juli die französische Kriegserklärung in Berlin überreicht wurde, war bereits entschieden, daß die süddeutschen Staaten mit gegen Frankreich kämpfen würden. Auch die französischen Hoffnungen auf Österreich und Italien wurden enttäuscht. Dabei wirkte mit, daß Rußland zum Vorgehen gegen Österreich bereit war, falls dieses nicht neutral blieb. Die schnellen militärischen Erfolge der deutschen Truppen taten dann ein übriges, um die Unternehmungslust von Österreich und Italien zu lähmen. Die Neutralität Großbritanniens war von Anfang an gesichert. Bismarck ließ bei Beginn des Krieges in der «Times» den Entwurf über die Erwerbung Belgiens durch Frankreich veröffentlichen, den ihm der französische Gesandte 1866 überlassen hatte. Bismarck hat ferner bei Beginn des Krieges, um Österreich und Rußland zu beruhigen, mit aller Deutlichkeit ausgesprochen, daß die österreich-ungarische Monarchie nicht zertrümmert werden solle.

Die ersten Wochen des Deutsch-Französischen Krieges schienen ähnlich wie 1866 eine schnelle Entscheidung des Krieges herbeizuführen. Der französische Kriegsplan scheiterte an der Langsamkeit der französischen Operationen. Den von Moltke geführten deutschen Heeren gelang es, in den schweren Schlachten um Metz und bei Sedan die französischen Feldheere vernichtend zu schlagen. Napoleon III. wurde Gefangener des preußischen Königs. In Paris wurde am 4. September das Kaiserreich gestürzt. Das neue republikanische Regiment in Paris konnte aber den an sich aussichtslosen militärischen Kampf noch Monate weiterführen und vor allem unter Gambetta Volksarmeen aufstellen, die den deutschen Heeren erhebliche Schwierigkeiten machen sollten. Im deutschen Geschichtsbewußtsein blieb im ganzen nur die Erinnerung an die großen Schlachten vom August und September 1870 haften, während das französische Geschichtsbild mit Stolz an den Kampf der französischen Volksheere anknüpfte. Auf weite Sicht konnte dieser Kampf allerdings nur dann erfolgreich sein, wenn Frankreich beim Ausland Unterstützung gefunden hätte. Trotz manchen Schwierigkeiten gelang es der überlegenen diplomatischen Kunst Bismarcks, das zu verhindern. Bismarck hat in diesen Monaten die Entwicklung nicht ohne Sorge verfolgt. Er hat unter anderem auch das Treiben zahlreicher fürstlicher Persönlichkeiten scharf kritisiert und getadelt, daß die *Hofluft* bei der Verleihung der Eisernen Kreuze eine Rolle spielte und Angehörige der kämpfenden Truppe leer ausgingen. Insofern hatte er ein Gefühl der Beschämung, als auch ihm das Eiserne Kreuz verliehen wurde.

Im Kriege 1870/71 kam es zu scharfen Auseinandersetzungen zwischen Bismarck und dem Generalstab. Bismarck beklagte sich darüber, daß die militärische Führung ihm als dem verantwortlichen Leiter der Politik keine Mitteilung über die Operationen mache. In der Tat hat der Generalstab auch auf Grund von Vorgängen des Jahres 1866 eine Einmischung der Politiker in die militärischen Operationen zu verhindern gesucht und die Lehre von Clausewitz, daß der Krieg die Fortsetzung der Politik mit anderen Mitteln sei, sehr einseitig und keineswegs im Sinne von Clausewitz ausgelegt. Vor allem in der Frage der Beschießung von Paris kam es zu Auseinandersetzungen, wobei der Generalstab sich gegen die Beschießung der französischen Hauptstadt aussprach, während Bismarck das härtere militärische Mittel befürwortete. Der Konflikt zwischen Moltke und Bismarck erreichte einen Höhepunkt, als der Generalstabschef mit dem Pariser Verteidigungsrat verhandelte, womit er ohne Zweifel die Grenze seines militärischen Ressorts überschritt. Schließlich hat König Wilhelm zugunsten des Kanzlers entschieden und befohlen, man solle diesem von den laufenden Operationen Kenntnis geben. Wilhelm I. tat, was sein Enkel vor 1914 und in den Zeiten des Ersten Weltkriegs nicht vermochte; er entschied in Konflikten zwischen politischen und militärischen Stellen im Sinne des verantwortlichen Leiters der Politik.

Ende Januar 1871 kapitulierte Paris. Das republikanische Frankreich mußte Waffenstillstand schließen. Unter der deutschen Besatzung fanden in Frankreich Wahlen zu einer Nationalversammlung statt. Der lange Widerstand der französischen Volksheere hat die Französische Republik vor dem Vorwurf bewahrt, allzuschnell kapituliert zu haben. Trotzdem trugen bei den Wahlen zur Nationalversammlung die monarchistischen Gruppen Erfolge davon, was später die Stabilisierung der inneren Verhältnisse in Frankreich erheblich erschwert hat.

Die deutschen Siege hatten dazu geführt, daß die französische Besatzung aus Rom abzog. Rom wurde jetzt zur Hauptstadt des italienischen Nationalstaates, der, wie 1866, deutschen Waffen die Vollendung seiner Einheit verdankte. Rußland kündigte damals den Pontusparagraphen des Vertrages von 1856 und führte damit die Gefahr einer internationalen Krise und einer Einmischung der neutralen Mächte in die deutsch-französische Auseinandersetzung herbei. Es gelang Bismarck, diese Gefahr zu beseitigen, obwohl seit Sedan die Haltung Großbritanniens gegenüber Deutschland kritisch geworden war.

Die Friedensverhandlungen mit der neuen französischen Regierung konnte Bismarck im wesentlichen ohne Störung durch andere Mächte führen. Ein Ergebnis des Sieges über Frankreich war, daß das Elsaß und ein Teil von Lothringen, als Reichsland Elsaß-Lothringen vereint, an das neugegründete Reich abgetreten wurden. Seit Sedan war sich mit wenig Ausnahmen die gesamte öffentliche Meinung in Deutschland darüber einig, daß dies der Siegespreis sein müsse. Auch Bismarck hat diese Forderung verhältnismäßig früh aufgenommen, sich dabei aber im Gegensatz zur öffentlichen Meinung nicht auf die frühere Zugehörigkeit zum alten deutschen Reich berufen. Bismarck hat diesen Gesichtspunkt als *Professorenidee* entschieden abgelehnt und in erster Linie strategische Gesichtspunkte für die Erwerbung angeführt. Man könne nur dadurch Süddeutschland vor erneuten französischen Angriffen sichern.

Bismarck hat von Anfang an betont, daß man das Elsaß für das gesamte Deutschland erwerben solle und nicht für einen der Einzelstaaten. Derartige Wünsche hat er als *dynastischen Seelenschacher* bezeichnet. Bismarck hat sogar gewisse Bedenken dagegen gehabt, mehr französisch sprechende Bevölkerung als nötig in das neue Reich aufzunehmen, und hat bei der Erwerbung von Metz in erster Linie die Gesichtspunkte der Generale berücksichtigt.

Bismarck hat die Verhandlungen mit dem geschlagenen Frankreich so geführt, daß er eine unnötige Demütigung des Besiegten vermied. Man hat später immer wieder gemeint, erst die Abtretung des Reichslandes habe den deutsch-französischen Gegensatz nach 1871 unvermeidlich gemacht. Bismarck hat immer wieder und wohl mit Recht darauf hingewiesen, daß auch ohne Landabtretung die Franzosen auf Grund der Niederlage verbittert bleiben würden. Weniger wichtig war die den Franzosen abverlangte Kriegsentschädigung von 5 Milliarden Francs, die damals ungeheuerlich hoch erschien, aber von den Franzosen verhältnismäßig schnell bezahlt werden konnte. Der endgültige Frieden wurde im Mai 1871 in Frankfurt unterzeichnet. Den Franzosen wurde dabei eine gewisse Grenzerweiterung des Festungsbezirks von Belfort zugestanden. Dafür kam ein Teil des späteren Eisen- und Erzgebietes von Lothringen an die Deutschen. Tatsächlich hat man damals die wirtschaftliche Bedeutung dieser Gebiete nicht voll erkannt. Ausschlaggebend war der Wunsch König und Kaiser Wilhelms, daß die Soldatengräber der Schlachten um Metz auf deutsches Staatsgebiet kämen. Die Friedensbestimmungen sahen ferner eine vorübergehende Besetzung von Teilen des nordöstlichen Frankreichs bis zur Zahlung der Kriegsentschädigung vor. Bismarck selbst hat versucht, bei all diesen Verhandlungen mit dem geschlagenen Frankreich Maß zu halten.

Das wichtigste Ergebnis des Deutsch-Französischen Krieges wurde die Überwindung der Mainlinie und die Gründung des kleindeutschen Staates, die durch die Kaiserproklamation vom 18. Januar in Versailles abgeschlossen wurde. Bismarck hat sich bei Beginn des Krieges zunächst mit Äußerungen über die deutsche Frage zurückgehalten. Erst seit Ende August 1870 hat er davon gesprochen, daß man bayerische Vorschläge erwarte. Seine Taktik war, die anderen deutschen Staaten, vor allem die Bayern, kommen und wenigstens nach außen die *Freiwilligkeit* in Erscheinung treten zu lassen. Nach den großen Siegen zu Beginn des Krieges haben sich die Bestrebungen der nationalen Bewegung auch in den süddeutschen Staaten verstärkt, und es war einhellige Auffassung der öffentlichen Meinung, daß die kleindeutsche Einheit das Ergebnis der Siege sein solle. Bismarck hat, wie schon gesagt, mit allen Mitteln versucht, die bayerische Initiative hervorzurufen, aber gleichzeitig immer wieder alle Druckmittel angewandt, um diese Freiwilligkeit zu erzeugen. Ein bayerischer Historiker hat mit gutem Grund davon gesprochen, die Grundmelodie sei gewesen: «Folgst du nicht willig, so brauch ich Gewalt!» In der Tat befand sich Bayern in einer Zwangslage. Aber die von bayerischer Seite aufgestellte Behauptung, die Münchner Regierung habe sich gegen die populären Kräfte in den Schutz Bismarcks geflüchtet, weil er Föderalist gewesen sei, kehrt die tatsächlichen Vorgänge um. Die Sonderrechte, die in München zunächst verlangt wurden, unter anderem die gleichberechtigte Beteiligung Bayerns bei der Leitung der Außenpolitik, konnte man nicht durchsetzen, ganz abgesehen davon, daß alle partikularistischen Sonderrechte föderalistischen Grundprinzipien widersprechen, die ja eine Gleichberechtigung aller Beteiligten voraussetzen. Bismarck hat von Anfang an daran festgehalten, daß er mit den süddeutschen Staaten nur auf dem Boden der Norddeutschen Bundesverfassung verhandeln wolle, und hat diesen Gesichtspunkt in allem wesentlichen durchgesetzt. In der Tat kam es beim weiteren Ablauf der Dinge zu Sonderverhandlungen mit den vier süddeutschen Staaten über ihren Anschluß an den Norddeutschen Bund. Die alte überkommene Eifersucht zwischen Stuttgart und München hat dabei die Taktik Bismarcks erleichtert. Schon Ende November 1870 waren die Verhandlungen mit den süddeutschen Staaten über ihren Anschluß an den Norddeutschen Bund im wesentlichen abgeschlossen. Die partikularistischen Sonderrechte, die im besonderen Bayern durchsetzen konnte, waren politisch ziemlich bedeutungslos und haben die weitere Entwicklung kaum beeinflußt. Von dem bayerischen Bestreben einer gleichberechtigten Beteiligung an der Außenpolitik blieb übrig, daß am Bundesrat ein ständiger außenpolitischer Ausschuß unter dem Vorsitz Bayerns gebildet wurde, der wenig zu sagen hatte, da Preußen nicht an ihm beteiligt war. Der frühere bayerische Ministerpräsident und spätere Reichskanzler von Hohenlohe meinte nicht ohne Grund: «Ich gestehe übrigens offen, daß mir der Wert mancher der in dem Vertrag enthaltenen Reservatrechte für Bayern selbst mehr als zweifelhaft erscheint. Ich hätte gewünscht, daß weniger Gewicht auf die Sicherung des Partikularismus, auf Erhaltung einzelner Institutionen und Gesetzgebungsbruchteile für die spezifisch bayerische Regierungstätigkeit als darauf gelegt worden wäre, daß in der deutschen Gemeinsamkeit nach föderativem Prinzip überall die Teilnahme Bayerns an der Verwaltung der gemeinsamen Angelegenheiten gewahrt geblieben wäre.» In der Tat handelte es sich bei diesen Sonderrechten um partikularistische Bestandteile der neuen deutschen Verfassung, nicht um echten Föderalismus. Im übrigen war die politische Machtstellung der süddeutschen Regierungen, im besonderen Bayerns, gegenüber der Reichsgewalt in den Zeiten Bismarcks schwächer als in denen der Weimarer Verfassung. In Weimar war die Grundtatsache der Reichsverfassung Bismarcks, die preußische Hegemonie, fortgefallen.

Gegenüber allen Angriffen auf die Sonderrechte gerade von seiten der Liberalen wies Bismarck darauf hin, daß die Zukunft das Weitere schaffen werde. Die *Gemeinsamkeit der Tatsachen* werde ihre Wirkung tun. In der Tat war Bismarck durchaus zufrieden, daß es ihm gelungen war, die allerdings nur scheinbare Freiwilligkeit der Bayern zu erreichen. Es gehörte zu seiner politischen Weisheit, daß er einen Abschluß, der äußerlich ohne Gewaltmaßnahmen erfolgte, für politisch sehr viel glücklicher hielt als die völlige Ausnutzung der Zwangslage. Das ändert freilich nichts daran, daß von einer echten Freiwilligkeit nicht gesprochen werden kann. Das wußte man damals, wie mancherlei Äußerungen bezeugen, in München besser als irgendwo anders. Daß Bismarck später immer wieder in Briefen an den bayerischen König föderalistische Gesichtspunkte erwähnt hat, war Taktik gegenüber dem Empfänger dieser Briefe.

In den Wochen, in denen die Verhandlungen mit den süddeutschen Staaten geführt wurden, war bereits darüber verhandelt worden, daß König Wilhelm als Präsident des zu gründenden neuen Deutschen Bundes den Kaisertitel annehmen sollte. Bismarck hat von Anfang an zu verhindern gesucht, daß der Kaisertitel vom Norddeutschen Reichstag angeboten würde. König Wilhelm war auf das äußerste darüber verstimmt, daß eine Deputation des Reichstages nach Versailles kam, zumal an ihrer Spitze Simson stand, der einst im Januar 1849 im Namen der Verfassunggebenden Nationalversammlung Friedrich Wilhelm IV. um die Annahme der vom Parlament erfolgten Kaiserwahl gebeten hatte. Auch Bismarck lag keineswegs daran, die Beteiligung des Norddeutschen Reichstages in den Vordergrund zu schieben, obwohl er bemüht war, die Abgeordneten möglichst gut zu behandeln, im Gegensatz zu den Hofkreisen, die von den Abgeordneten meinten: «Was wollen die Kerle hier!»

Bismarck hat vor allem Bayern bearbeitet, daß König Ludwig im Namen der Fürsten den Kaisertitel anbieten solle. Er hat schließlich mehr oder weniger im Einverständnis mit dem bayerischen Ministerpräsidenten durch den bayerischen Oberstallmeister Holnstein einen Brief an König Ludwig gesandt, der mit kluger Einstellung auf die Empfindungen des bayerischen Herrschers die Zweckmäßigkeit darlegte, von seiten des bayerischen Königs die Kaiserkrone anzubieten. Er hatte dem Grafen Holnstein gleich den Entwurf des Briefes mitgegeben, den König Ludwig an König Wilhelm schreiben solle. *Demselben liegt der Gedanke zugrunde, welcher in der Tat die deut-*

schen Stämme erfüllt: der deutsche Kaiser ist ihr Landsmann, der König von Preußen ihr Nachbar; nur der deutsche Titel bekundet, daß die damit verbundenen Rechte aus freier Übertragung der deutschen Fürsten und Stämme hervorgehn. Der bayerische König hat lange gezögert, den von Bismarck entworfenen Kaiserbrief zu unterschreiben und dessen Absendung dann untergeordneten Stellen überlassen. Anscheinend ist das mit dadurch erreicht worden, daß Bismarck dem bayerischen König eine Art Pensionszahlung zusagte.

Als der Kaiserbrief Ludwigs in Versailles eintraf, war niemand entsetzter als König Wilhelm, und er wäre noch entsetzter gewesen, wenn er gewußt hätte, daß sein eigener Ministerpräsident diesen Brief entworfen hatte. Auch in König Wilhelm wehrte sich der Partikularismus gegen die Reichsgründung. Wilhelm I. empfand den Kaisertitel als «Charaktermajor»; das war die Bezeichnung für einen als Hauptmann verabschiedeten Offizier, der dann noch den Majorstitel bekam. Wilhelm I. glaubte, mit dem Kaisertitel die Stellung des preußischen Königs aufgeben zu müssen. Er wehrte sich bis in die Stunde der Reichsgründung hinein gegen die Annahme des Kaisertitels und wollte höchstens Kaiser von Deutschland genannt werden. Bismarck selbst war die Formulierung des Titels im Grunde gleichgültig, und er hat einmal sehr drastisch zum Ausdruck gebracht, daß ihm sachlich die Titelfrage *wurst* sei. Er legte ebenso wie die Masse der Liberalen keinen Wert auf geschichtliche Parallelen und dachte nicht an die mittelalterliche Kaisertradition. Aber er hielt den Kaisertitel an Stelle des Titels eines Präsidenten des Deutschen Bundes den Einzelstaaten gegenüber für zweckmäßiger. Auch der Reichsgedanke spielte bei Bismarck keine Rolle. Der Ausdruck *Reich*, den Bismarck für jeden größeren Staat zu benutzen pflegte, wurde wie schon 1849 weitgehend aus Zweckmäßigkeitsgründen gewählt. Bismarck besaß ein geringes Gefühl für die Symbolkraft derartiger Dinge. Das zeigt auch seine Stellung zur Flaggenfrage. Schwarzweißrot wurde aus Zweckmäßigkeitsgründen gewählt, zumal Schwarzrotgold durch 1866 unmöglich geworden war. Bismarck hat die Farbenfrage als untergeordnet bezeichnet und gemeint: *Wer über solche Fragen stutzt, ist nicht reif.* Das Farbenspiel sei ihm ganz einerlei: *Meinethalben Grün und Gelb und Tanzvergnügen oder auch die Fahne von Mecklenburg-Strelitz. Nur will der preußische Troupier nichts von Schwarzrotgelb wissen.*

Als Bismarck mit seinem König sich über die Titelfrage auseinandersetzen mußte, waren die Worte «Kaiser und Reich» bereits in die Verfassung eingefügt und festgelegt worden, daß der Präsident des Deutschen Bundes den Titel «Deutscher Kaiser» führen sollte. Bis-

*Die Kaiserproklamation in Versailles am 18. Januar 1871.
Gemälde von Anton von Werner*

marck wollte jegliche Änderung der Formulierung vermeiden, zumal sie andere Änderungswünsche auch im Norddeutschen Reichstag hervorrufen konnte. Die Liberalen wehrten sich lebhaft gegen die bayerischen Sonderrechte, nahmen dann aber doch die Verträge an. «Häßlich ist das Mädel, aber geheiratet muß es doch werden», meinte ein führender Liberaler.

Auf Grund der Verträge sollte die Verfassung am 1. Januar 1871 in Kraft treten. Aber noch fehlte die Zustimmung der zweiten bayerischen Kammer. Schließlich einigte man sich in Versailles darauf, die Kaiserproklamation durchzuführen, ohne auf die Bayern zu warten. Man wählte dazu den 18. Januar, also den Tag, an dem einst der brandenburgische Kurfürst sich im Jahre 1701 die preußische Königskrone aufgesetzt hatte, und den Tag, der seit langem preußisches Ordensfest war. Für die Stimmung der Hofkreise war bezeichnend, daß das Hofmarschallamt zur Feier des Ordensfestes einlud in die «Glasgalerie» – so übersetzte man «La galerie des glaces» des Versailler Schlosses; anschließend sollte die Proklamation stattfinden, die somit als eine Art Anhängsel zum Ordensfest erschien.

Der preußische König wehrte sich noch bis in die letzten Stunden vor der Proklamation sehr lebhaft, und es gelang nicht, mit ihm eine Einigung über den in den Verträgen festgelegten Titel «Deutscher Kaiser» zu erreichen. Schließlich hat der Großherzog von Baden, der als Ältester der anwesenden deutschen Fürsten das Hoch auf den neuen Kaiser ausbringen sollte, den Titel «Kaiser von Deutschland», den der preußische König befohlen hatte, vermieden und von Kaiser Wilhelm gesprochen. Das erregte den Zorn Wilhelms, der bei der Begrüßung der Generale nach der Proklamation Bismarck ignorierte. Am Abend war freilich diese Stimmung bereits beseitigt.

Die Proklamation des 18. Januar im Spiegelsaal des Versailler Königsschlosses trug den Stil einer militärischen Kundgebung. Trotzdem hat der neue Kaiser in einer von Bismarck verfaßten und verlesenen Proklamation mit großartigen Worten die kaiserliche Würde übernommen, in dem Bewußtsein der Pflicht, «den Frieden zu wahren, die Unabhängigkeit Deutschlands, gestützt auf die geeinte Kraft seines Volkes, zu verteidigen. Uns aber und Unseren Nachfolgern an der Kaiserkrone wolle Gott verleihen, allzeit Mehrer des Deutschen Reiches zu sein, nicht an kriegerischen Eroberungen, sondern an den Gütern und Gaben des Friedens auf dem Gebiet nationaler Wohlfahrt, Freiheit und Gesittung.»

Bismarck hat in diesen Wochen immer wieder die Haltung aller Beteiligten und zuletzt der deutschen Fürsten kritisiert. Sein Gesundheitszustand war ungünstig und seine Stimmung sehr gereizt. Er klagte immer wieder über Intrigen. Wenige Tage nach der Reichsgründung schrieb er an seine Frau: *... diese Kaisergeburt war eine schwere, und Könige haben in solchen Zeiten ihre wunderlichen Gelüste, wie Frauen, bevor sie der Welt hergeben, was sie doch nicht behalten können. Ich hatte als Accoucheur mehrmals das dringende Bedürfnis, eine Bombe zu sein und zu platzen, daß der ganze Bau in Trümmer gegangen wäre. N ö t i g e Geschäfte greifen mich wenig an, aber die unnötigen verbittern.*

Die Kaiserproklamation vollzog sich also nicht nur in dem glanzvollen Stil, den das bekannte Bild Anton von Werners wiederzugeben versuchte. Der Abschluß des Werkes war von einer Fülle von Spannungen und Schwierigkeiten begleitet. Große geschichtliche Ereignisse vollziehen sich für die Mitlebenden und Mitstreiter selten in dem harmonischen Stil, den spätere Betrachtung in sie hineinzutragen versucht. Das vermindert aber keineswegs die Größe des Ereignisses und der Leistung Bismarcks. Die Größe dieser Leistung wird auch dadurch nicht vermindert, daß das deutsche Kaiserreich an der Politik der Nachfolger zerbrach. Gerade heute, wo wir in einem geteilten Deutschland leben, müssen wir betonen, daß es ein Recht des

*Rudolf von Delbrück*

deutschen Volkes war, sich einen Nationalstaat zu schaffen. Dahinter liegt freilich die Frage, ob es nicht für die Gründung eines Deutschen Reiches sehr spät und vielleicht zu spät war.

Im April 1871 ersetzte der neugewählte Deutsche Reichstag die mit den süddeutschen Staaten geschlossenen Verträge durch die Reichsverfassung, die am 16. April 1871 in Kraft trat. Sie war im wesentlichen die 1867 entstandene Verfassung des Norddeutschen Bundes, die im Grunde nur erweitert worden war. Neu war natürlich die Bezeichnung «Kaiser und Reich». Der Souverän des Reiches war der durch die Vertreter der süddeutschen Staaten ergänzte Bundesrat, nicht der Kaiser. Die Zahl der preußischen Stimmen im Bundesrat gab Preußen in ihm keine Mehrheit; trotzdem wurde der Bundesrat das Organ, von dem aus Preußen das Deutsche Reich später regierte. Es zeigte sich sehr bald, daß die Verfassungswirklichkeit nicht der Form der Verfassung entsprach. Durch die Verbindung der Kaiserwürde mit der Person des preußischen Königs und noch mehr durch die Verbindung des Amtes des Reichskanzlers mit dem des preußischen Ministerpräsidenten wurde der hegemoniale Charakter des Reiches zum Ausdruck gebracht, trotz föderalistischen Formen. Bismarck wurde der einzige Minister im Reiche. Als sich durch den Zwang der Entwicklung allmählich Reichsressorts ausbildeten, wurden ihre Leiter Staatssekretäre und nicht Minister. Keiner der einzelstaatlichen Minister hat in den entscheidenden Fragen der Reichspolitik irgendwelchen Einfluß auszuüben versucht, solange Bismarck das Reichskanzleramt bekleidete. Auch im Bundesrat kam es in den seltensten Fällen zur Opposition.

Die Befugnisse des Reiches umfaßten in erster Linie die Gebiete der Wirtschaft und die Außenpolitik. Die eigentliche Verwaltung blieb Sache der Einzelstaaten. Das stärkte natürlich die Stellung Preußens, das über die Verwaltung in etwa in zwei Dritteln des Reichsgebiets verfügte. Den Vorsitz im Bundesrat erhielt der Reichskanzler, wozu natürlich Bismarck ernannt wurde. Er schuf sich allmählich unter Delbrück ein Reichskanzleramt. Neben dem Bundestag stand der Reichstag, der ebenso wie der Norddeutsche Reichstag nach dem allgemeinen, gleichen, direkten und geheimen Wahlrecht zu wählen war. Damit erhielt die Verfassung von 1871 auch ein demokratisches Element, zumal mit Zentrum und Sozialdemokratie neue Massenparteien emporzuwachsen begannen. Eingeschränkt wurde die demokratische Wirkung des Reichstags dadurch, daß in Folge des Bevölkerungswachstums die Wahlkreiseinteilung bald überholt wurde und daß das Stichwahlsystem der Stimmung der Bevölkerung nur begrenzt Ausdruck geben konnte. Wichtiger war, daß neben dem Reichstag die einzelstaatlichen Parlamente mit meist begrenztem Wahlrecht standen, vor allem in Preußen mit dem von Bismarck einst so gescholtenen Dreiklassenwahlrecht. Es brachte im preußischen Abgeordnetenhaus jetzt Mehrheiten der Konservativen, die auch das Herrenhaus beherrschten. Diese Verschiedenheit in der Zusammensetzung der Parlamente bedeutete für Bismarck ein Hilfsmittel, mit dem er gut regieren zu können glaubte. Das änderte nichts daran, daß nicht nur in dieser Beziehung die Reichsverfassung einen komplizierten Apparat schuf, den der Kronprinz ein kunstvoll gefertigtes Chaos nannte, und von dem auch Treitschke, der Bismarck jetzt auf das höchste verehrte, meinte, er sei allzusehr auf die Persönlichkeit Bismarcks zugeschnitten. Die eigentlichen Schwierigkeiten sollten sich erst zeigen, als Bismarck 1890 gestürzt wurde und Wilhelm II. meinte, er könne sein eigener Kanzler sein.

Das wichtigste Problem des neugegründeten und weitgehend mit den Mitteln der Macht geschaffenen Reiches sollte sein, ob es gelingen würde, den neuen deutschen Staat mit den Massen der Bevölkerung zu verbinden. Im Zentrum und in der Sozialdemokratie meldeten sich Gegenkräfte an. Schwerwiegender war, daß sich der Einfluß der alten preußisch-konservativen Elemente, vor allem im preußischen Osten und im Heer, durchsetzte und behauptete. Es war die Frage, ob Bismarck, der trotz aller realistischen Haltung doch konservativ und obrigkeitlich dachte, in der Lage sein würde, die äußere Reichsgründung durch die innere zu ergänzen. Er hatte mit den Schichten des konservativen Adels lebhafte Kämpfe durchführen müssen. Aber seine Stellung zu den neu emporwachsenden Massenkräften zeigte sehr bald, daß es auch ihm nicht gelang, über die alten Bindungen und Grenzen hinauszuwachsen.

Nicht nur für König und Kaiser Wilhelm, auch für Bismarck war das neugegründete Deutsche Reich nur ein «verlängertes Preußen».

Er blieb auch als deutscher Reichskanzler in erster Linie der preußische Staatsmann; die preußische Hegemonie war ihm selbstverständlich, ebenso die preußische und protestantisch-monarchische Grundlage. Das erschwerte ihm, mit den neuen Massenkräften, aber auch mit der neuen Entwicklung des wirtschaftlichen Lebens innerlich in dem Sinne fertig zu werden, daß er sie in das neue Reich einbauen konnte.

Bismarck hatte einst gemeint, daß nicht ein Mann und eine Generation die Probleme lösen könnten, die Jahrhunderte der deutschen Geschichte hinterlassen hätten. Diese tiefe Einsicht ging Bismarck und vielen Zeitgenossen nach 1871 in starkem Maße verloren, während sich die Gegner der Reichsgründung in mehr oder weniger doktrinärer Opposition bewegten. Ein bekannter Historiker meinte, der Inhalt aller Wünsche sei in herrlicher Weise erfüllt. «Woher soll man in meinen Lebensjahren noch einen neuen Inhalt für das weitere Leben nehmen?» Der Glaube, daß alle Probleme gelöst seien, hat die Stimmung der Jahrzehnte nach 1871 und auch Bismarcks Grundauffassungen beherrscht. Seine Politik war außenpolitisch, und hier mit gutem Grund in erster Linie eine Politik des Erhaltens; das Deutsche Reich war für ihn saturiert. Weniger berechtigt war, daß gegenüber den neuen Massenkräften und manchen wichtigen Reformen doch im ganzen nur eine abwehrende Politik getrieben wurde. Damit entwickelte sich schon unter Bismarck eine gewisse Doppelpoligkeit im deutschen Gesamtleben. Die vordrängenden modernen Kräfte standen in sehr starker Disharmonie zu den adelig-agrarisch-konservativen, die für das Gesamtbild des deutschen politischen Lebens einflußreicher blieben, als es ihrer zahlenmäßigen Stärke und ihrer echten politischen Bedeutung entsprach.

Bismarck hielt das Deutsche Reich in den Formen des kleindeutschen Staates für saturiert. Auch die Liberalen dachten nicht mehr an eine Verbindung mit den Deutschen Österreichs. Der großdeutsche Gedanke, der einst gerade von Liberalen und Demokraten getragen worden war, fand nur noch Vertreter im Lager der katholischen Gegenspieler. Für Bismarck selbst war die Beschränkung auf den preußisch-kleindeutschen Raum kein Verzicht. Er hat immer wieder betont, daß eine Vereinigung mit den Deutschen Österreichs und eine Beseitigung der habsburgischen Monarchie nicht beabsichtigt sei. Bismarck wollte damit die im Ausland vorhandenen Befürchtungen zerstreuen, das Reich werde nach den Kriegen der Reichsgründungszeit eine weitere Ausdehnung betreiben. Aber Bismarck hielt auch grundsätzlich die Erhaltung der österreich-ungarischen Monarchie für notwendig. Er lebte noch in der Tradition des Systems der fünf großen europäischen Mächte, und er hat nie daran gedacht, eine dieser Mächte zu demütigen oder auszulöschen. Der habsburgische Staat war für ihn in erster Linie europäische Großmacht. Die Tatsache, daß in ihm zahlreiche Deutsche lebten, spielte für Bismarck nur eine untergeordnete Rolle. Er war der Überzeugung, daß eine Vergrößerung des preußisch-deutschen Staates durch österreichische Länder eine Schwächung bedeuten würde. Dabei spielte auch das innenpolitische und konfessionelle Motiv eine Rolle. Eine Verstärkung des katholischen Elementes würde nach Bismarcks Auffassung die antipreußischen Elemente nur verstärken. Deutschland trage kein Verlangen nach den *wallfahrenden Völkern Österreichs*.

Wie stets bei Bismarck verbanden sich außenpolitische und innenpolitische Gesichtspunkte. Es ist deshalb nicht möglich, seine gesamte Politik unter das vielmißbrauchte Schlagwort «Realpolitik» zu stellen. Ebensowenig ist es möglich, seine preußisch-kleindeutsche Politik in dem Sinne zu deuten, daß sie im Grunde nur der Weg zu einer «gesamtdeutschen» Lösung gewesen sei. Bismarck wollte eine außenpolitische Verbindung mit dem habsburgischen Staat. Die volksmäßige Zusammensetzung spielte für ihn nur begrenzt eine Rolle. Bismarck hat stets betont, daß die nichtdeutsche Bevölkerung in Schleswig und in Lothringen eine innenpolitische Erschwerung bedeute. Andererseits hat er wenigstens bis zum Kulturkampf die Masse der polnischen Bauern zu den treuesten Anhängern des preußischen Staates gerechnet. Man kann Bismarck deshalb nur begrenzt einen Anhänger des Nationalstaates nennen, jedenfalls nicht in dem Sinne, wie der europäische Westen den Nationalstaat auffaßte. Bismarck ging von dem geschichtlich gewordenen Staate aus und verfocht von vornherein nur eine begrenzte Zielsetzung. Das war eine gewisse Gefahr, aber auch die Voraussetzung des Erfolges.

# DIE AUSSENPOLITIK UND DER AUFBAU
# DES BÜNDNISSYSTEMS
(1871–1888)

Das Ausland nahm begreiflicherweise die Entstehung eines starken preußisch-deutschen Staates in der Mitte Europas mit erheblichem Mißtrauen auf. Auch Rußland, dessen Haltung bis zu einem gewissen Grade die Erfolge Bismarcks möglich gemacht hatte, war kaum darüber erfreut, daß jetzt eine starke Macht an den Grenzen des eigenen Staates entstanden war. Die übrigen europäischen Mächte hatten sich an die Schwäche im deutschen politischen Raum gewöhnt und waren keineswegs bereit, sich mit dem neuen Zustand ohne weiteres abzufinden. Am wenigsten einverstanden waren natürlich die Franzosen, daß jetzt das Deutsche Reich die führende Stellung auf dem europäischen Kontinent einnahm. Jedenfalls mußte die deutsche Außenpolitik von Anfang an damit rechnen, daß das neue Reich nicht von Freunden umgeben war, und Bismarck war alle Zeit besorgt, daß sich feindliche Koalitionen bilden könnten. Außerdem war die kleindeutsche Basis relativ schwach, auch wenn das Zusammengehen mit Österreich in den Zeiten des Deutschen Bundes nie eine echte Machtbasis geschaffen hatte.

Als das Deutsche Reich entstand, begannen die benachbarten Staaten bereits zu Weltmächten emporzuwachsen. Die Deutschen haben das damals kaum als Problem empfunden, und auch Bismarck hatte kein Gefühl dafür, daß sich eine neue weltpolitische Entwicklung anbahnte. Er wußte, daß der neugegründete Staat keineswegs in Sicherheit leben konnte. Er trieb deshalb nach 1871 eine ausgesprochene Friedenspolitik und lehnte jede weitere Ausdehnung ab. Das war keineswegs, wie man gemeint hat, Altersschwäche Bismarcks, sondern ein Zeichen seiner außenpolitischen Weisheit. Er sah klar, daß der junge deutsche Staat in allererster Linie eine Sicherung auf dem europäischen Kontinent nötig hatte und daß weltwirtschaftliche und auch kolonialpolitische Pläne diese Basis nicht gefährden dürften.

Von diesen Auffassungen her hat Bismarck nach 1871 eine Außenpolitik geführt, die Elastizität und kraftvolles Auftreten miteinander zu verbinden wußte. Er hat es in diesen Jahrzehnten verstanden, dem Deutschen Reich und Europa den Frieden zu erhalten. Im Gegensatz zu der Auffassung, die in Bismarck in erster Linie den «Eisernen Kanzler» und den Mann gewaltsamer Methoden sieht, die noch heute nicht ohne deutsche Mitschuld im Ausland weit verbreitet ist, haben alle europäischen Diplomaten seine Außenpolitik als Sicherung des Friedens aufgefaßt. Bismarck hat nationalistische Zielsetzungen und nationalistische Methoden in der Außenpolitik abgelehnt. Er hat auch vor 1871 bei den Friedensschlüssen, obwohl die Besiegten begreiflicherweise anders empfinden mußten, sich für maßvolle Bedingungen eingesetzt. Er hat stets die Auffassung vertreten, daß es nicht Sache der Außenpolitik eines großen Staates sei, Rache zu üben. Er glaubte an die Notwendigkeit eines europäischen Staatensystems. Dabei war ihm der Gegensatz der europäischen Mächte ebenso selbstverständlich wie ihr Zusammenspiel.

Bismarcks Außenpolitik nach 1871 hielt den Gegensatz zu Frankreich für gegeben. Deshalb erschien es als erste Aufgabe, zu verhindern, daß Frankreich Bundesgenossen finde. Das hat natürlich die Freiheit der deutschen Bündnispolitik erheblich belastet. Wahrscheinlich hat Bismarck damit recht gehabt, wenn er meinte, erstes Ziel der französischen Außenpolitik werde die Beseitigung der Ergebnisse von 1870/71 sein. Natürlich kann man die französische Außenpolitik nicht einfach auf die Formel «Revanche» bringen. Bismarck selbst war bestrebt, den Gegensatz zu diesem Gegner nach Möglichkeit abzumildern. Die Regelung der aus dem Abschluß des Krieges von 1870/71 sich ergebenden Probleme ist verhältnismäßig leicht erfolgt. Bismarck war bestrebt, alle unnötigen Schärfen zu verhindern. Die Neigung deutscher Stellen, eine Wiederherstellung der Monarchie in Frankreich zu begünstigen, hat er abgelehnt. Bismarck hielt von seinen Auffassungen her ein republikanisches Frankreich für weniger gefährlich als eine Monarchie. Die im Friedensvertrag den Franzosen auferlegten Zahlungen konnte Frankreich verhältnismäßig schnell ableisten. Somit war es möglich, schon im Herbst 1873 die deutsche Besatzung auf französischem Boden zu beenden.

Eine deutsche Außenpolitik, die eine «Revanche» Frankreichs verhindern wollte, mußte in allererster Linie erreichen, daß Frankreich keinen Bundesgenossen finde. Sie mußte deshalb vermeiden, daß der Gegensatz in der Rheinfrage sich mit den Gegensätzen der europäischen Mächte im Nahen Orient verband. Der «Kampf um den Rhein» und die Auseinandersetzungen am Balkan hatten seit dem 17. Jahrhundert die europäische Gesamtpolitik entscheidend beeinflußt. Vor 1871 hat es die Politik Bismarck erheblich erleichtert, daß Rußland und Österreich seit dem Krimkrieg in scharfem Gegensatz standen. Nach der Reichsgründung sollte jedoch der Gegensatz zwischen Petersburg und Wien die größte Schwierigkeit der Bündnispolitik Bismarcks bilden, zumal nach 1866 sich die Politik des habsburgischen Staates, der die Machtbasis in Italien und Deutschland verloren hatte, jetzt ausschließlich dem Balkan zuwandte.

Das Zusammengehen mit Rußland blieb nach wie vor die Grundlage der Außenpolitik Bismarcks. Er war aber bestrebt, auch den alten habsburgischen Gegner an die deutsch-russische Freundschaft heranzuziehen. Großbritannien kam für Bismarck als möglicher Bündnispartner erst in letzter Linie in Frage, weil er ein festes Bündnis mit einer parlamentarischen Regierung nicht für möglich hielt. Das Zusammengehen mit Österreich-Ungarn hatte Bismarck weitsichtig vorbereitet. Durch die Drei-Kaiser-Zusammenkunft 1872 und durch das Drei-Kaiser-Verhältnis vom Oktober 1873 ist es Bismarck gelungen, das Einvernehmen der großen monarchischen und legitimistischen Staaten zu schaffen, das trotz Schwierigkeiten bis 1890 die Grundlage der deutschen Außenpolitik blieb. Dieses außenpolitische System erneuerte die Gruppierung der Zeiten Metternichs und stand, wenn auch nicht so einseitig wie unter dem österreichischen Staatskanzler, unter innenpolitischen Gesichtspunkten. Bismarck hat nur begrenzt innenpolitische Wünsche auf die Gestaltung der außenpolitischen Beziehungen übertragen. Aber das Zusammengehen der großen monarchischen Staaten schien ihm erwünscht und natürlich. Von Anfang an störte allerdings der Gegensatz zwischen Rußland und Österreich-Ungarn am Balkan diese Beziehungen. Bismarck hat hier dadurch ausgleichen können, daß er die Interessenlosigkeit des Deutschen Reiches in Südosteuropa betonte. Der Balkan sei nicht *die gesunden Knochen eines einzigen pommerschen Musketiers wert.*

Die erste außenpolitische Krise entstand 1875, als Bismarck, der keinen Krieg wollte, es für nötig hielt, vor den französischen Rüstungen zu warnen. Das geschah in einem «Krieg-in-Sicht-Artikel». Das Ergebnis war, daß das deutsch-französische Verhältnis international stärker beachtet wurde. Der russische Reichskanzler Gortschakow kam nach Berlin und behauptete, er habe den Frieden gerettet. Bismarck war über diese Haltung sehr verbittert, denn er wollte keinen Krieg mit Frankreich. Allerdings hatten sich die Militärs für einen Präventivkrieg eingesetzt. Bismarck hat ihn auch damals, wie stets, abgelehnt. Die Krise von 1875 hatte andererseits gezeigt, daß die isolierte Stellung Frankreichs nicht mehr bestand.

In den nächsten Jahren brachten Konflikte auf dem Balkan eine erhebliche Belastung der außenpolitischen Lage. In den Konflikten zwischen Rußland und England erhob der russische Zar einen Dankanspruch für seine Haltung in den Jahren der Reichsgründung und erwartete vom Deutschen Reich eine deutliche Stellungnahme für Rußland. Andererseits betonte Bismarck, daß das Deutsche Reich ein Interesse an dem Bestand der österreich-ungarischen Monarchie habe.

Im Krieg gegen die Türkei errangen die Russen große Erfolge. Im Frieden von San Stefano nötigten sie 1878 den Türken Bedingungen auf, die sie fast vom Balkan verdrängten, während die Balkanstaaten erheblich verstärkt werden sollten. Dagegen erhoben Österreich-Ungarn und Großbritannien Einspruch. Der europäische Friede war ernstlich gefährdet. Schließlich war das einzige Mittel, um den Frieden zu erhalten, die Berufung eines Kongresses, der in der deutschen Hauptstadt tagen sollte. Bismarck hat nur ungern dieser Lösung zugestimmt, zumal er die Leitung des Kongresses übernehmen mußte.

Der Berliner Kongreß war der äußere Höhepunkt der Stellung des Deutschen Reiches und Bismarcks, der den Staatsmännern der anderen Mächte gegenüber als politische Autorität erschien. Bismarck hatte davon gesprochen, das Deutsche Reich wolle nicht den Schiedsrichter spielen, sondern die Rolle eines *ehrlichen Maklers* übernehmen.

*Fürst Alexander M. Gortschakow*

Er hat den Kongreß vorsichtig und klug geleitet, aber nicht verhindern können, daß die außenpolitischen Schwierigkeiten des Deutschen Reiches durch ihn vermehrt wurden. Auch die Rolle des «ehrlichen Maklers» läßt sich selten so spielen, daß alle Beteiligten zufrieden sind. Bismarck hatte auf dem Kongreß die russischen Wünsche so weit gefördert, wie es überhaupt möglich war, ohne daß ein Krieg zwischen den großen Mächten ausbrach. Aber Rußland hatte nicht alle Gewinne durchsetzen können, die es in San Stefano erreicht zu haben glaubte. Man gab in Petersburg dem Deutschen Reich die Schuld und sprach von einer russenfeindlichen Haltung des deutschen Kanzlers.

Diese Stimmung entlud sich schließlich im August 1879 in einem sehr ungewöhnlichen Privatbrief des russischen Zaren an Kaiser Wilhelm, der dem Deutschen Reich schwere Vorwürfe machte. Dieser sogenannte «Ohrfeigenbrief» schien Bismarck zu zeigen, daß eine Revision des deutsch-russischen Verhältnisses notwendig sei. Er entschloß sich jetzt, ein engeres Bündnis zwischen dem Deutschen Reich und Österreich-Ungarn herbeizuführen, über das er in erster Linie mit dem Außenminister in Ungarn Andrássy verhandelte.

Dieser Plan eines Bündnisses mit Österreich-Ungarn, das am 7. Oktober 1879 abgeschlossen wurde, verursachte den letzten großen Kampf zwischen Bismarck und seinem Herrscher, der schließlich von beiden Seiten mit großer Erbitterung geführt wurde. Der deutsche Kaiser bagatellisierte die unfreundliche Haltung der Russen. Er überschätzte die Bedeutung der alten dynastischen Freundschaft zwischen Petersburg und Berlin und hielt es für Perfidie, hinter dem Rücken des Zaren ein Bündnis mit Österreich-Ungarn abzuschließen.

Schließlich hat Bismarck, unterstützt von allen amtlichen Stellen, seinem Herrscher die Zustimmung zu dem Bündnis mit Österreich-Ungarn abgezwungen. Bismarck hatte immer schärfer mit dem Rücktritt gedroht, und auch der Kaiser hatte an die Abdankung gedacht: «Bismarck ist notwendiger als ich.»

Der Widerstand des Kaisers hatte sich schließlich darauf versteift, eine Mitteilung an den Zaren zu fordern. Hier hat Bismarck das Einverständnis in Wien erreicht, zumal das durchaus im Sinne seiner Grundabsichten lag. Denn Bismarck hatte von vornherein die Absicht, das neue Verhältnis zu Österreich-Ungarn zu benutzen, um die gute Zusammenarbeit mit Rußland wiederherzustellen.

Bismarck, der von dieser letzten Auseinandersetzung mit seinem Herrscher auf das äußerste angegriffen war und alle taktischen Mittel angewandt hatte, um seine Zustimmung zu erreichen, hatte dabei gelegentlich auch großdeutsche Motive anklingen lassen und an die alte Gemeinschaft im Deutschen Bunde erinnert. Das waren aber, wie er selbst später sagte, nur taktische Hilfsmittel. Das Bündnis mit Österreich-Ungarn von 1879 war für Bismarck ein Bündnis von Staat zu Staat und hat mit großdeutschen oder mitteleuropäischen Gesichtspunkten nicht das geringste zu tun. Vor allem kann man in

*Der Berliner Kongreß (13. Juni – 13. Juli 1878).
Gemälde von Anton von Werner, 1881*

dem Bündnis keine Option zwischen Österreich-Ungarn und Rußland sehen. Es war für Bismarck das Mittel, um auf diesem Umweg zu dem alten Drei-Kaiser-Verhältnis zurückzukommen. Das ist Bismarck auch sehr rasch gelungen. Zu seinem Mitarbeiter Radowitz sagte er: *Da habe ich die beste Quittung für meine Wiener Politik. Ich wußte es, der Russe würde uns kommen, wenn wir erst den Österreicher festgelegt haben.*

Das Bündnis von 1879 ist nur ein Glied in dem Bündnissystem, das Bismarck unter wachsenden Schwierigkeiten in den achtziger Jahren aufbauen sollte. Er hat sich dabei stets mit Entschiedenheit dagegen gewehrt, die Wünsche Rußlands oder die Österreich-Ungarns einseitig zu unterstützen. Die Auffassung des Bündnisses von 1879 im Sinne der «Nibelungentreue» ist eine Erfindung der Wilhelminischen Zeit. Diese spätere Ausdeutung des Bündnisses hat das Deutsche Reich in erhebliche Gefahren gebracht. Das war nur deshalb möglich, weil sich später die deutsche Politik, um einen Ausdruck Bismarcks zu gebrauchen, von Wien das «Leitseil» um den Hals werfen ließ. Für Bismarck blieb das Bündnis mit Österreich-Ungarn eingeordnet in das Verhältnis der drei großen Kaiserreiche. Wenn in seiner Zeit je eine Option zwischen Petersburg und Wien nötig gewesen wäre, so ist sehr wahrscheinlich, daß er sich dann für Petersburg entschieden hätte. Bismarck hat mehrfach darauf hingewiesen, daß die internationale Politik ein flüssiges Element sei und Verträge nur so lange Bestand hätten, als sie den Interessen der Vertragschließenden entsprächen. Es sei ihm gleichgültig, so sagte er noch 1888, ob in Kärnten oder Krain deutsch oder slavisch gesprochen werde. Wichtig sei, daß die österreich-ungarische Armee einheitlich bleibe.

Das Bündnis mit Österreich-Ungarn war, wie wir gesehen haben, für Bismarck ein Umweg, um wieder zum Drei-Kaiser-Bündnis zu kommen, das 1881 geschlossen und 1884 erneuert wurde. Daneben stand der Aufbau des Zweibundes zunächst durch seine Ausdehnung auf Italien. Bismarck hat den Italienern und ihren militärischen Leistungen nie besonderen Wert beigemessen, aber er begrüßte, daß durch den zunächst 1882 abgeschlossenen Dreibund Deutsches Reich –Österreich-Ungarn–Italien der Partner Österreich-Ungarn im Falle eines Konfliktes mit Rußland den Rücken freibekam. Die Italiener haben bei Abschluß des Dreibundes ziemlich nachdrücklich zum Ausdruck gebracht, daß sich Italien nie auf die Seite einer antienglischen Gruppierung stellen könne. Das war damals bei der Beherrschung des Mittelmeers durch die englische Flotte selbstverständlich. Der Dreibund wurde 1883 durch einen Vertrag mit Rumänien ergänzt. Auch Spanien stand einige Zeit in enger Fühlung mit dem Deutschen Reich, das dadurch mit Ausnahme Frankreichs mit allen Mächten des Kontinents mittelbar oder unmittelbar verbunden war.

Die außenpolitische Lage des Deutschen Reiches wurde Mitte der achtziger Jahre durch die weltpolitische Lage erleichtert. Der Konflikt zwischen Frankreich und England in Ägypten, die Gegensätze zwischen Rußland und England im Nahen Orient und in Asien und zwischen Frankreich und Italien in der Tunis-Frage erleichterten die außenpolitische Stellung des Deutschen Reiches. In dieser Lage konnten sich zeitweise auch die deutsch-französischen Beziehungen verhältnismäßig freundlich gestalten. Bismarck hat, gewissermaßen um Frankreich von dem «Loch in den Vogesen» abzulenken, die kolonialen Bestrebungen Frankreichs unterstützt, ohne damit auf die Dauer zu erreichen, daß es seine Stellung gegenüber dem Deutschen Reich revidierte. Die französische Kolonialpolitik wurde erst populär, als sie Jahrzehnte später in Marokko im Deutschen Reich ihren Gegner fand. Der Gegensatz zu Frankreich blieb nach wie vor die Grundtatsache der deutschen Außenpolitik.

Bismarck hat Mitte der achtziger Jahre die weltpolitischen Spannungen ausgenutzt, um deutsche Kolonien zu gründen. Diese deutsche Kolonialpolitik begrenzte sich im ganzen auf die Jahre 1884 und

1885. Sie erfolgte gelegentlich in erheblicher Spannung mit England. Dabei kam es einige Male zu scharfen Äußerungen Bismarcks über die Londoner Politiker. Andererseits hat England den kolonialpolitischen Festsetzungen des Deutschen Reiches, die ja auch von England her gesehen keinen allzu bedrohlichen Umfang besaßen, kaum Schwierigkeiten gemacht.

Bismarck hatte in früheren Jahren alle kolonialpolitischen Bestrebungen abgelehnt und noch Ende 1888 erklärt, er sei von Hause aus kein *Kolonialmensch* gewesen. Bei der Gründung der ersten Kolonien in Deutsch-Südwestafrika, in Kamerun und in Togo hat Bismarck gemeint, es handle sich im wesentlichen

*Gyula Graf von Andrássy*

um neue Absatzmärkte. Um dieselbe Zeit erfolgte eine Festsetzung auf den Südsee-Inseln, wobei eine Auseinandersetzung mit Spanien Bismarck dazu veranlaßte, den Schiedsspruch des Papstes in der Frage der Karolineninseln anzurufen.

Als sich seit Ende 1885 die außenpolitische Lage wieder verschärfte, hat Bismarck die Kolonialpolitik nicht fortgeführt. Kolonialpolitische Erwerbungen schienen ihm eine Spannung zum britischen Weltreich nicht zu rechtfertigen. Im Deutschen Reich begann allerdings die Stimmung zugunsten der Kolonialpolitik sich zu verstärken, im besonderen durch die Agitation des 1882 gegründeten Kolonialvereins. Der deutsche Kolonialverein war der erste der angeblich überparteilichen «nationalen Verbände», die später durch ausgesprochen nationalistische Agitation die deutsche Außenpolitik erheblich erschwert haben. Bismarck hat im Gegensatz zu derartigen Stimmungen stets nüchtern und klar jegliche Überspannung vermieden, zumal er wußte, daß das Schwergewicht der deutschen Machtstellung in Europa lag und durch weltpolitische Experimente nicht gestört werden durfte. Er hat damit die deutsche Gesamtlage durchaus richtig beurteilt. Trotzdem war der überwiegende Teil des kolonialen Besit-

*General Georges Boulanger*

zes, mit dem das Deutsche Reich 1914 in den Ersten Weltkrieg ging, nicht durch die angebliche «Weltpolitik» Wilhelms II. erworben, sondern durch Bismarck, der die günstige außenpolitische Lage der Jahre 1884/85 dazu ausgenutzt hatte.

1885 begannen neue Konflikte auf dem Balkan. Es zeigte sich deutlich, daß die auf dem Berliner Kongreß getroffenen Regelungen keine Dauerlösungen waren. Bismarcks Hauptziel blieb, bei den neuen Auseinandersetzungen am Balkan einen europäischen Krieg zu verhindern und die Gegensätze zwischen Rußland und Österreich-Ungarn auszugleichen. Er hat den Lieblingsgedanken der deutschen Kronprinzessin, ihre Tochter mit dem später abgesetzten Fürsten von Bulgarien zu vermählen, vereitelt, da er Rußland nicht verletzen wollte. Auf der anderen Seite nahm Österreich-Ungarn in den Balkan-Fragen eine entschiedenere Haltung ein, als Bismarck für richtig hielt. Er hat damals mit allem Nachdruck betont, daß die orientalische Frage für das Deutsche Reich keine Kriegsfrage sei und daß man bei ihrer Behandlung sich nicht einseitig von Österreich-Ungarn beeinflussen lassen wolle. Als ihm gemeldet wurde, daß auf Grund einer Reichstagsrede die Stimmung in Wien niedergeschlagen sei, bemerkte er: *Besser, als wenn sie unternehmend wäre.* Diese Haltung Bismarcks stand in deutlichem Gegensatz zu der Art und Weise, in der sich Jahrzehnte später die deutsche Politik von Wien beherrschen ließ. Wie einst gegenüber Rußland, war er auch jetzt gegenüber Österreich-Ungarn in jeder Beziehung bestrebt, daß der Bundesgenosse das Bündnis nicht im Sinne einer Erwerbsgenossenschaft ausnütze. Bismarck wollte keine Aktivität der habsburgischen Politik auf dem Balkan zulassen, zumal er in wachsendem Maße über die inneren Zustände im habsburgischen Staate und die Schwächung seiner Wehrkraft besorgt war. Auf der anderen Seite sah Bismarck mit Sorge, daß sich in der russischen Presse antideutsche Stimmungen durchzusetzen begannen, die allerdings in der amtlichen russischen Politik noch keinen Ausdruck fanden.

Gleichzeitig hatten sich die Spannungen zwischen dem Deutschen Reich und Frankreich wieder erheblich verschärft. Durch die nationalistische Haltung des Kriegsministers Boulanger entstand 1887 ein scharfer Konflikt, der ziemlich schnell beigelegt werden konnte. Allerdings war klar, daß das Verhältnis zwischen Frankreich und dem Deutschen Reich mit Spannungen geladen war.

Bismarck gelang es 1887, ein Mittelmeerabkommen zwischen England, Österreich-Ungarn und Italien zustande zu bringen, die sogenannte Mittelmeerentente, die das Inselreich an die Seite des Dreibundes stellte. Andererseits zeigte sich immer deutlicher, daß das Drei-Kaiser-Bündnis von 1884, das 1887 ablief, nicht mehr erneuert werden konnte. Die Spannungen zwischen Österreich-Ungarn und Rußland waren allzu groß geworden. In dieser Lage entstand im Juni 1887 der «Rückversicherungsvertrag» des Deutschen Reiches mit Rußland. In diesem Vertrag sicherten sich das Reich und Rußland wohlwollende Neutralität zu. Die deutsche Politik erkannte dabei die geschichtlich erworbenen Rechte Rußlands auf der Balkanhalbinsel an und vor allem seinen vorwiegenden Einfluß in Bulgarien. Ein streng geheimes Zusatzprotokoll sagte Rußland Unterstützung zu, falls es die Wahrung seiner Rechte am Zugang zum Schwarzen Meer selbst übernehme.

Den Russen war bei Abschluß dieses Vertrages der volle Text des deutschen Vertrages von 1879 mit Österreich-Ungarn bekannt, der bald darauf veröffentlicht wurde. Bismarck hat nach dem Abschluß des Rückversicherungsvertrages betont, er rechne damit, daß Kaiser Franz Joseph mit ihm einverstanden sei. In der Tat zeigte es sich nach 1890, daß Österreich-Ungarn mit der Nichterneuerung des Rückversicherungsvertrages keineswegs einverstanden war. Es ist deshalb eine grobe Vereinfachung, wenn der Rückversicherungsvertrag immer wieder als eine Treulosigkeit gegenüber der Wiener Politik aufgefaßt worden ist. Gewiß zeigt dieser Vertrag deutlich, daß die außenpolitischen Methoden der Bündnispolitik Bismarcks immer komplizierter wurden. Bismarck glaubte, gerade mit dem Nebeneinander der Verträge die Erhaltung des Friedens zu sichern und die Gefahr eines Zweifrontenkrieges zu beseitigen. Unmittelbar nach dem Abschluß des Rückversicherungsvertrages sagte er: *Das bisherige Ziel der kaiserlichen Politik ist die Erhaltung des Friedens, und unser System geheimer Verträge setzt eine Prämie auf friedliches Verhalten insofern aus, als wir Österreich beistehen, wenn Rußland den Frieden bricht, und nach dem russischen Vertrage neutral bleiben, wenn Österreich den Frieden bricht.* Er wehrte sich

*Kaiser Franz Joseph I.*

deshalb entschieden dagegen, die Voraussetzungen für den Bündnisfall mit Österreich-Ungarn zu verändern, und gegen die Versuche militärischer Stellen, durch vorherige Festlegung militärischer Verpflichtungen Österreich-Ungarn zu einer aggressiven Politik zu ermuntern. Der Bündnisfall trete erst ein, wenn Österreich-Ungarn von Rußland angegriffen sei. Bismarck widerstand mit aller Entschiedenheit den Versuchen, das Mittel der Militärattachés, die dem Kaiser unmittelbar berichteten, dazu zu benutzen, um die deutsche Außenpolitik zu beeinflussen. Bismarck hat stets energisch den Einfluß der Militärs auf die politische Führung bekämpft.

Andererseits sah Bismarck mit einer gewissen Sorge, daß die antideutsche Stimmung in Rußland sich verschärfte, und war bestrebt, das Reich für den Fall eines Krieges besser zu rüsten. Er schilderte mit allem Nachdruck den Ernst der Lage eines Besiegten nach einem großen Kriege. Kurz vor dem Tode des alten Kaisers Wilhelm hat Bismarck in einer großen außenpolitischen Rede auf die Gefahren hingewiesen, in der sich das Deutsche Reich zwischen den Mächten befinde. Die taktische Absicht dieser Rede war, die antideutschen Kräfte in Rußland zu warnen. In ihr fiel der Satz: *Wir Deutsche fürchten Gott, aber sonst nichts auf der Welt.* Er milderte dieses Wort sofort durch den Zusatz ab: *Die Gottesfurcht ist es schon, die uns den Frieden lieben und pflegen läßt.* Dieser Satz, der immer wieder zitiert worden ist, steht in einer Rede, die von Sorgen erfüllt war. Als schon unmittelbar nach der Rede dieses Wort sich auf Gläsern, Krawatten und Pantoffeln fand, war Bismarck wenig erfreut darüber. In der Tat ist der Mißbrauch dieses Wortes ein deutliches Zeichen dafür, daß schon seine Zeitgenossen das Wesen der Außenpolitik Bismarcks nicht verstanden haben.

Bismarcks Sorge vor großen antideutschen Koalitionen und für den Bestand des Reiches blieb bestehen, und gerade deshalb war seine Außenpolitik gewiß kraftvoll, aber zugleich behutsam und elastisch und immer bereit, die allgemeinen außenpolitischen Zusammenhänge zu berücksichtigen. Man hat die Frage aufgeworfen, ob das kunstvolle Bündnissystem, das er geschaffen hatte, sich auf die Dauer hätte aufrechterhalten lassen. Eine solche Frage von rückwärts her ist nie eindeutig zu beantworten. Tatsache bleibt, daß es Bismarck bis zu seinem Sturz gelungen ist, ein Zusammengehen Frankreichs und Rußlands zu verhindern, und daß Rußland noch 1890 bereit war, den Rückversicherungsvertrag zu erneuern. Mit seiner Nichterneuerung begann das Zusammengehen Rußlands und Frankreichs und damit eine grundlegende Änderung der außenpolitischen Lage.

Auch aus den diplomatischen Akten wird sehr deutlich, daß sofort nach Bismarcks Sturz an die Stelle einer großartigen und alle europäischen Verhältnisse umfassenden Konzeption eine außenpolitische Betrachtung getreten ist, die nur Einzelheiten im Auge hatte. Gewiß war die Außenpolitik Bismarcks nicht unfehlbar. Ganz gewiß aber hätten seine außenpolitische Kunst und seine Fähigkeit, Maß zu halten, die Isolierung verhindert, in der sich das Deutsche Reich zweieinhalb Jahrzehnte nach seinem Sturz befand. 1890 stand das Deutsche Reich, außer mit Frankreich, unmittelbar oder mittelbar mit allen europäischen Mächten in Bündnisbeziehungen. Die Politik der «Nibelungentreue», die Bismarcks Auffassungen widersprach, verursachte, daß das Deutsche Reich 1914 nur mit Österreich-Ungarn und der Türkei in den Ersten Weltkrieg ging. Gerade die Gegenüberstellung der außenpolitischen Situation des Deutschen Reiches von 1890 und 1914 spricht für die Leistung der Außenpolitik Bismarcks.

*Das alte Schloß Friedrichsruh. Aufnahme: Dr. v. Scheven*

## INNENPOLITISCHER AUFBAU UND INNENPOLITISCHE KÄMPFE
### (1871–1888)

Im Gegensatz zur Außenpolitik ist die Innenpolitik Bismarcks nach 1871 durchweg kritisiert worden, weitgehend mit Recht, wobei gelegentlich verkannt worden ist, daß auch nach 1871 bedeutende innenpolitische Leistungen vorliegen. Entscheidend wirkte sich der Tatbestand aus, daß Bismarcks konservative Grundauffassungen mit dem konstitutionellen oder halbkonstitutionellen Charakter der Reichsverfassung in einem gewissen Widerspruch standen und daß die Zusammenarbeit mit Parlamenten und Parteien seinen autoritären Neigungen widersprach. Die rasche Umwandlung der wirtschaftlichen und sozialen Verhältnisse war Bismarck fremd. Zudem beeinflußte eine Fülle von sachfremden Gegenkräften die innenpolitischen Entscheidungen, und auch der Gesundheitszustand Bismarcks, der viele Monate von Berlin entfernt lebte, wirkte sich störend aus. Bismarck hielt sich auf dem Gut Varzin, in Kissingen und Gastein und vor allem auf seiner Besitzung Friedrichsruh auf, die sich der 1871 zum Fürsten erhobene Reichskanzler aus der kaiserlichen Dotation geschaffen hatte. Bismarck klagte mehr als je zuvor über seinen Gesundheitszustand und die Erschwerung der Geschäfte durch den Kaiser. 1872 schrieb Bismarck an Roon: *Der König als Reiter im Sattel weiß wohl kaum, daß und wie er in mir ein braves Pferd zu Schanden geritten hat.* Auch Vertretern des Auslands gegenüber sparte er nicht mit ähnlichen Äußerungen. Daneben stehen Ausdrücke der größten Ergebenheit und Verbundenheit zu dem Kaiser. Bismarcks Gesundheitszustand führte dazu, daß er häufig erregt und überreizt war. Er verwies mit gutem Grund auf die Last der Geschäfte und auf die große Verantwortung. Er selbst war allerdings an seinem Gesundheitszustand nicht unschuldig. Er schlief bis in die Mittagsstunden und machte dann die Nacht zum Tage. Besucher waren immer wieder erstaunt über den unmäßigen Genuß von Speise und Trank. Erst seit Schweninger 1883 die Behandlung des Fürsten übernahm, besserte sich sein Befinden. Er stand jetzt früher auf und gewöhnte sich an ein gewisses Maßhalten beim Essen und Trinken, obwohl das, was er als wenig empfand, noch recht reichlich war. *Ich darf nichts essen als morgens ein Beefsteak und nachmittags ein Hammelkotelett und am nächsten Tage dasselbe, aber in umgekehrter Reihenfolge.*

Die persönlichen Schwierigkeiten wurden dadurch gesteigert, daß die Organisation der obersten Behörden vom Reich und Preußen nicht recht weitergeführt wurde. Bismarck blieb im Reich der einzige verantwortliche Minister. Das wurde auch nicht geändert durch das Stellvertretungsgesetz von 1878 und ebensowenig dadurch, daß sich die Reichsämter allmählich zu neuen Fachressorts ausbildeten, deren Leiter Staatssekretäre und nicht Minister wurden. In Preußen blieb das Kollegialprinzip bestehen, über das Bismarck immer wieder klagte. Vorübergehend hat Bismarck 1873 das Amt des Ministerpräsidenten an den Kriegsminister von Roon abgegeben. Es zeigte sich aber sehr bald, daß bei der Struktur der Reichsverfassung diese Trennung des Kanzleramtes von dem des Ministerpräsidenten sich nicht bewähren konnte. Natürlich erschwerte es die Regierungsgeschäfte, daß Bismarck immer wieder lange Zeit von Berlin abwesend war. Während die ausländischen Diplomaten bei wichtigen Fragen den Reichskanzler in seinem Urlaubsort aufsuchten, war diese Regelung für die innenpolitischen Entscheidungen nur begrenzt möglich.

In den Jahren nach 1871 wurde der zum Teil bereits in den Zeiten des Norddeutschen Bundes begonnene innenpolitische Aufbau fortgesetzt unter maßgebender Beteiligung der Nationalliberalen, die im Reichstag die ausschlaggebende Partei waren. Es erfolgte der Übergang zur Goldwährung, die Gründung der Reichsbank und die Errichtung des Reichsgerichts in Leipzig. Auch die Neuordnung des Gerichtswesens begann unter starkem liberalem Einfluß. Sie wurde erst 1900 dadurch, daß das Bürgerliche Gesetzbuch in Kraft trat, abgeschlossen. Auch in den Fragen der Wirtschaftspolitik, um die sich Bismarck selbst zunächts wenig kümmerte, setzten sich liberale Gesichtspunkte durch. Die Politik der freien Wirtschaft zeigte allerdings bald auch ihre Schattenseiten. Der «Milliardensegen», das heißt die hohe französische Kriegsentschädigung, hatte sich, wie eigentlich stets politische Zahlungen, wenig günstig ausgewirkt. Die Hochkonjunktur der siebziger Jahre verband sich mit ungesunden Neugründungen, Spekulation und Korruption. Bismarck begann allmählich, die bisherige liberale Wirtschaftspolitik zu überprüfen. 1876 trat Delbrück, der Leiter des Reichskanzleramtes, der sie maßgebend beeinflußt hatte, zurück. Schon zuvor war es mit den Nationalliberalen in der Frage der Friedenspräsenzstärke des Heeres zu scharfen Auseinandersetzungen gekommen. Bismarck wollte sie für ewige Zeiten festlegen. Er kritisierte sehr scharf die Haltung der Nationalliberalen, von denen er unbedingte Gefolgschaft erwartet hatte. Schließlich einigte man sich darauf, die Friedenspräsenzstärke auf sieben Jahre festzulegen, auf das «Septennat».

Im liberalen Sinne erfolgten Anfang der siebziger Jahre auch Reformen in Preußen. Das galt besonders für die Kreisordnung von 1872, die die gutsherrliche Patrimonialgewalt beseitigte. Gegen diese Maßnahmen leistete im besonderen das preußische Herrenhaus lebhaften Widerstand. Auch sonst kam es zu scharfen Gegensätzen zu den alten konservativen Freunden, was Bismarck mehr, als ihm lieb war, zur Zusammenarbeit mit den Liberalen zwang. Konservative Kreise hatten dabei Bismarck auch persönlich in sehr unschöner Form angegriffen. Es erbitterte ihn besonders, daß eine Anzahl seiner alten Freunde, die Deklaranten, sich in einer Erklärung zu Angriffen der «Kreuzzeitung» bekannten. Eine Wendung in der Haltung der Konservativen trat erst allmählich ein.

Der wichtigste innenpolitische Kampf der siebziger Jahre, der nach einem Ausspruch des freisinnigen Abgeordneten und berühmten Arztes Virchow den Namen «Kulturkampf» bekam, stand unter dem Zeichen der Zusammenarbeit zwischen Bismarck und den Liberalen. Der Ausdruck «Kulturkampf» gab die Auffassung der Liberalen, aber nicht die Ansichten Bismarcks wieder, der den Kampf gegen Zentrum und katholische Kirche nicht unter kulturellen Gesichtspunkten führte.

Bismarck hatte in den Zeiten der Reichsgründung und des Deutsch-Französischen Krieges versucht, gute Beziehungen zum Papsttum zu erreichen. Er hatte sich auch gegenüber dem Vatikanischen Konzil Zurückhaltung auferlegt. Dagegen hat er von Anfang an die Gründung des Zentrums, an dessen Spitze sein alter Gegenspieler Windthorst trat, scharf bekämpft. Das Zentrum bekämpfte seinerseits das Reich und seine Einrichtungen. Die ausgesprochen katholisch-konfessionellen Forderungen des Zentrums mußten natürlich auf den Widerstand des Reichskanzlers stoßen. Bismarck versuchte zunächst zwischen dem Gegensatz zum Zentrum und dem zur katholischen Kirche zu unterscheiden. Es zeigte sich bald, daß das nur begrenzt möglich war. Die Auseinandersetzung mit dem Zentrum wurde zu einem rücksichtslosen Kampf gegen die katholische Kirche und ihre Institutionen. Bismarck wies dabei immer wieder darauf hin, daß es sich um den uralten Kampf zwischen staatlicher Gewalt und priesterlicher Herrschaft handle. Bei dem Kulturkampf stießen im Grunde zwei Offensiven aufeinander. Die katholische Kirche und die Zentrumspartei konnten dem neugegründeten Deutschen Reiche, dessen protestantische Leitung offenkundig war, nicht freundlich gegenüberstehen. Unabhängig davon war auch Bismarck zum Angriff bereit. Er empfand die Gründung des Zentrums als einen feindlichen Akt, sah den Gegensatz gegen die katholische politische Bewegung auch im Zusammenhang mit der polnischen Frage und fürchtete gelegentlich den Zusammenschluß einer katholischen Mächtegruppe gegen den preußisch-deutschen Staat. Die Verbindung des Zentrums mit den welfischen Kräften mußte die Feindschaft Bismarcks verstärken.

Rudolf Virchow, um 1880

Auf dem Boden der Reichsgesetzgebung erfolgte unter anderem das Verbot des Jesuitenordens. Im übrigen wurde der Kulturkampf vor allem in Preußen und mit den Mitteln der preußischen Gesetzgebung geführt. Dafür war der neue Kultusminister Falk verantwortlich. Wenn Bismarck ihm später die eigentliche Verantwortung zuschob, so kann das nicht darüber hinwegtäuschen, daß Bismarck selbst den Kampf gegen die katholische Kirche mit allen Mitteln geführt hatte und Falk, den er selbst ausgewählt hatte, immer wieder auch gegen die Widerstände konservativer und höfischer Einflüsse gedeckt hatte. In *Erinnerung und Gedanke* meinte Bismarck später:

*Der Mißgriff wurde mir klar, an dem Bild ehrlicher, aber ungeschickter preußischer Gendarmen, welche mit Sporen und Schleppsäbel hinter gewandten und leichtfüßigen Priestern durch Hintertüren und Schlafzimmer nachsetzten.* Auch dieses Bild beweist im Grunde, daß Bismarck die eigentliche Ursache des Scheiterns auch später nicht gesehen hat. Er stieß im Kulturkampf und in der Auseinandersetzung mit dem Zentrum auf eine weltanschauliche Kraft, die in den Massen der Bevölkerung Rückhalt besaß und mit den Mitteln der Gesetzgebung und der Polizei nicht zu beseitigen war. So waren die Maigesetze 1873 und die Versuche, das kirchliche Leben weitgehend brachzulegen, im ganzen wirkungslos. Der Kampf gegen die katholische Geistlichkeit und im besonderen gegen die Bischöfe wurde von Bismarck mit ungewöhnlicher Leidenschaft durchgefochten. Er behauptete, daß der Staat sich in Notwehr befände, und machte der protestantischen Kirche den Vorwurf, daß sie den richtigen Kampfgeist vermissen lasse. Er verstand nicht, daß nicht nur der König, sondern auch Kreise der protestantischen Kirche die einseitigen Kampfmaßnahmen mit Unbehagen verfolgten und der Einrichtung von Zivilehe und Standesamt widerstrebten. Im Mai 1872 sagte Bismarck im Reichstag: *Seien Sie außer Sorge, nach Canossa gehen wir nicht, weder körperlich noch geistig.* Dieses vielbeachtete Wort, das den Vorgang von Canossa 1077 einseitig im Sinne einer Niederlage der staatlichen Macht deutete, bestätigte wieder einmal die alte Erfahrung, daß man im politischen Leben nicht prophezeien soll. Der spätere Abbau der Gesetzgebung des Kulturkampfes bedeutete keine Unterwerfung des Staates unter die katholische Kirche. Trotzdem hat man nicht ganz zu Unrecht schon damals gemeint, daß Bismarck in gewissem Sinne doch nach Canossa gegangen sei. Den Höhepunkt der leidenschaftlichen Erregung brachte ein Attentat auf Bismarck. Obwohl der Attentäter mit dem Zentrum nichts zu tun hatte, versuchte Bismarck, das Zentrum für diesen Vorgang verantwortlich zu machen. Ein Führer des Zentrums rief Bismarck in einer erregten Reichstagssitzung ein «Pfui» entgegen. Bismarck sagte: *Pfui ist ein Ausdruck des Ekels und der Verachtung. Meine Herren, glauben Sie nicht, daß mir diese Gefühle fern liegen; ich bin nur zu höflich, um sie auszusprechen.*

Es zeigte sich bald, daß die staatlichen Kampfmaßnahmen der Kirche gegenüber mehr oder weniger wirkungslos blieben. Bei der Reichstagswahl von 1874 konnte das Zentrum seine Stimmenzahl gegenüber 1871 verdoppeln. Seit Mitte der siebziger Jahre kam dann der staatliche Angriff ins Stocken. Der neue Papst Leo XIII. war zu einem Ausgleich bereit. Ein großer Teil der sogenannten Maigesetze wurde mehr oder weniger preisgegeben, wobei es Bismarck verstand, nach außen ein offenes Nachgeben des Staates nicht in Erscheinung treten zu lassen. Die Hoffnung des Kanzlers, daß das Zentrum auseinanderfallen werde, sollte sich nicht erfüllen. Der Kulturkampf, der als Bedrohung des katholischen Glaubens empfunden wurde, hat die Stellung des Zentrums gestärkt, das seit Mitte der siebziger Jahre für Jahrzehnte eine Schlüsselstellung im deutschen politischen Leben einnehmen sollte. Von den staatlichen Maßnahmen blieben erhalten die staatliche Schulaufsicht, die Standesämter und die Zivilehe – Einrichtungen, die uns heute selbstverständlich erscheinen, gegen die sich damals aber nicht nur der König, sondern auch weite Kreise der protestantischen Kirche gewehrt haben. Damit hatte der Staat einen gewissen Erfolg errungen. Im ganzen bedeutete der Kulturkampf eine Niederlage der staatlichen Politik und eine Stärkung des Zentrums, dessen Bekämpfung der Ausgangspunkt gewesen war.

*Rudolf von Bennigsen*

Der Abbau des Kulturkampfes verband sich mit dem allgemeinen Umschwung der Innen- und Wirtschaftspolitik Bismarcks. Oktober 1876 kündigte eine Thronrede Zollmaßnahmen an. Bismarck versuchte gleichzeitig, den Führer der Nationalliberalen Partei, Rudolf von Bennigsen, für das Ministerium zu gewinnen, was praktisch die Liberalen gespalten hätte. König Wilhelm war sehr unzufrieden, als er von dritter Seite von diesem Vorgang hörte. Bennigsen war nur bereit, in das Ministerium einzutreten, wenn auch zwei andere führende Mitglieder der Nationalliberalen Minister würden, was Bismarck entschieden ablehnte. Damit ging die Zusammenarbeit Bismarcks mit den Nationalliberalen ihrem Ende entgegen.

Bismarck ging Ende 1877 zehn Monate auf Urlaub, um sich in das ihm bisher fremde Gebiet der Wirtschafts- und Steuerfragen einzuarbeiten. Er begann den Bruch mit der Politik der freien Wirtschaft vorzubereiten und setzte sich mehrfach sehr lebhaft mit den Libera-

*Soiree bei Bismarck, 1876*

len auseinander. Schon bevor die neue Wirtschaftspolitik eingeleitet wurde, begann Bismarck den Kampf gegen die Sozialdemokratie mit dem zuerst 1878 durchgesetzten Sozialistengesetz. Damit folgte dem Kulturkampf sofort ein neuer innenpolitischer Kampf. Wiederum zeigte es sich, daß Bismarck zwar mit den alten bürgerlichen und adeligen Honoratiorenparteien fertig werden konnte, daß ihm aber den modernen Massenparteien gegenüber die brauchbaren Mittel fehlten und er hier politische und psychologische Fehler beging.

Bismarck hatte schon 1871 vor sozialistischen Bestrebungen gewarnt und verkannt, daß der Aufstand der Commune in Paris verhältnismäßig wenig mit sozialistischen Bestrebungen zu tun hatte. Sein Kampf gegen die Sozialisten entsprang der Auffassung, daß das Entstehen von Massenkräften den Staat gefährden müsse. Mit dieser Auffassung fand Bismarck die Zustimmung breiter «bürgerlicher» Schichten, die seit langem das «rote Gespenst» fürchteten. Im Gegensatz zu Heinrich von Treitschke hat Bismarck erkannt, daß der Staat soziale Verpflichtungen habe. Er warf aber den sozialdemokratischen Kräften immer wieder Begehrlichkeit und Neid auf die wirtschaftlich bessergestellten Mitbürger vor. Er konnte nicht einsehen, daß die Zurückweisung der Massenkräfte, sei es des Katholizismus, sei es der emporwachsenden Industriearbeiterschaft, für das neugegründete Deutsche Reich eine nicht unerhebliche Gefahr bedeutete.

Erste Verfolgungsmaßnahmen gegen die Sozialdemokratie waren schon Anfang der siebziger Jahre begonnen worden. Die eigentlichen Kampfmaßnahmen wurden aber erst eingeleitet, als der Höhepunkt des Kulturkampfes überwunden war und zwei Attentate auf den alten Kaiser Wilhelm das Stichwort zu den Kampfmaßnahmen zu geben schienen. Nach dem ersten Attentat, bei dem Bismarck ohne Beweise die Sozialdemokratische Partei für den Attentäter verantwortlich machte, wurde dem Reichstag ein eilig und schlecht ausgearbeitetes Gesetz zur Bekämpfung der Sozialdemokratie vorgelegt. Es wurde abgelehnt, da auch Zentrum und Nationalliberale gegen ein Ausnahmegesetz waren. Nach dem zweiten Attentat, bei dem der alte Kaiser schwer verletzt wurde, sagte Bismarck sofort: *Jetzt lösen wir den Reichstag auf.* Erst danach erkundigte er sich nach dem Befinden des Kaisers. Bismarck nutzte das Attentat sehr einseitig in der Öffentlichkeit aus und gab der Agitation sofort die Kampfrichtung gegen die Nationalliberalen.

Der Reichstag wurde aufgelöst. Bei den Neuwahlen erlitten die Nationalliberalen einige Verluste. Unter dem Eindruck des Attentats stellten sie ihre Bedenken gegen ein Ausnahmegesetz zurück. Sie stimmten für ein Sozialistengesetz, das sorgfältiger gearbeitet war, und setzten nur durch, daß die Dauer dieses neuen Gesetzes begrenzt wurde. Es ist dann bis in die Tage von Bismarcks Sturz mehrfach erneuert worden. Das Sozialistengesetz löste alle Vereine und Organisationen der Sozialdemokratie auf und unterdrückte die sozialdemokratischen Zeitungen. Damit wurde der Sozialdemokratie offene Organisation und Agitation unmöglich gemacht. Sie verstand es freilich, eine wirkungsvoll aufgebaute Geheimorganisation zu schaffen. Das Sozialistengesetz hat nicht verhindern können, daß die für die Sozialdemokratische Partei abgegebenen Stimmen wuchsen. Bei den Wahlen im Februar 1890, unmittelbar vor Bismarcks Sturz, erhielten die Sozialdemokraten 1 400 000 Stimmen und damit die meisten der für eine Partei abgegebenen Stimmen. Ihnen folgte an Stimmenzahl das Zentrum. Kulturkampf und Sozialistengesetz stärkten den Gegner, den Bismarck treffen wollte. Die alte Erfahrung, daß jegliche Verbotspolitik mit Gefahren verbunden ist, hatte sich wiederum bestätigt. Bei den innenpolitischen Auseinandersetzungen zeigte es sich immer wieder, daß Bismarck hier das Maßhalten nicht kannte, das seine Außenpolitik kennzeichnete. Von den Führern der Sozialdemokratie, des Zentrums und der Linksliberalen hat er immer wieder in den leidenschaftlichsten Ausdrücken gesprochen. Bismarck hat jeglichen innenpolitischen Widerstand mehr oder weniger persönlich gedeutet und auf die Staatsfeindschaft der Gegner zurückgeführt.

Bismarck hatte zunächst eine gewisse Bereitschaft gezeigt, mit den Parteien zusammen zu arbeiten; natürlich nicht im Sinne parlamentarischer Auffassungen. Im Ablauf der beiden Jahrzehnte nach der Reichsgründung wurde sehr deutlich, daß er die Parteien immer schärfer kritisierte und sie von jeder echten Mitverantwortung ausschließen wollte. Er hat mehrfach zum Ausdruck gebracht, daß seine Hoffnungen auf den Reichstag, den er einst als den *Einheitsfaktor* angesehen habe, enttäuscht seien und daß im Gegensatz zu seinen früheren Auffassungen die Dynastien den Rückhalt für das Reich bildeten. Das Parlament sollte nur kontrollieren, aber nicht herrschen. Der Monarch und nicht parlamentarische Körperschaften besäßen die eigentliche Regierungsgewalt. Er sprach von der Enge des Fraktionsgeistes und meinte, daß von der Jugend, im besonderen von der akademischen Jugend, eine andere Haltung zu erwarten sei. Er hatte nicht ganz unrecht, wenn er die Enge des Fraktionsgeistes als eine Fortsetzung des Partikularismus empfand. Er verkannte jedoch vollkommen, daß er die Parteien dadurch, daß er sie nur taktisch gegeneinander ausspielte und höchstens als Mittel zum Zweck benutzte, nicht zu echter politischer Verantwortung erziehen konnte. Er verwies gelegentlich auf das Wort Uhlands in der Frankfurter Nationalversammlung, daß ein deutsches Kaisertum ohne einen Tropfen demokratischen Öls nicht denkbar sei, und meinte, er sei dagegen, daß aus diesem Tropfen ein Eimer würde. Es wurde immer deutlicher, daß Bismarck die Zusammenarbeit mit Parlamenten und Parteien nur noch als eine Last empfand.

Die großen Debatten im Deutschen Reichstag zeigten durchaus Niveau und auch auf seiten der Opposition echtes Verantwortungsgefühl. In den deutschen Parlamenten dieser Jahrzehnte saßen zahlreiche bedeutende Persönlichkeiten. Bismarcks Reden bewiesen hohen Rang trotz ständigem Hinweis auf seine Ermüdung, waren stets schlagfertig, manches Mal voll bissiger Schärfe, häufig aber auch von einem durchaus versöhnlich wirkenden Humor. Im Laufe der achtziger Jahre war er allerdings immer weniger zu echten Auseinandersetzungen bereit. Er sagte den Parteien der Opposition revolutionäre und republikanische Zielsetzung nach, was keineswegs zutraf, und meinte, der Sinn des Volkes sei noch königstreu.

Die innenpolitischen Gegensätze wurden durch den Umschwung der Wirtschaftspolitik verschärft. Im Mai 1879 begründete Bismarck in einer großen Rede die neue Wirtschafts- und Zollgesetzgebung. Er verwies mit gutem Grund darauf, daß ein theoretischer Streit

*Zusammenstoß zwischen dem Abgeordneten Eugen Lasker und Bismarck. Karikatur aus dem «Kladderadatsch»*

zwischen Schutzzoll und Freihandel überflüssig sei, forderte aber den Schutz der einheimischen Arbeit gegen ausländische Konkurrenz. Er verlangte Zollschutz für die Eisenindustrie und für die Landwirtschaft. Der liberale Abgeordnete Lasker warf Bismarck vor, seine Politik begünstige einseitig den Besitz. Bismarck antwortete, Lasker treibe die Finanzpolitik eines Besitzlosen. Er gehöre zu den Herren, von denen die Schrift sage: *Sie säen nicht, sie ernten nicht, sie beten nicht, sie spinnen nicht und doch sind sie gekleidet – ich will nicht sagen, wie, aber jedenfalls sind sie gekleidet.* Er zeigte damals immer wieder eine gewisse Nichtachtung der nichtbesitzenden Schichten.

Über die sachliche Notwendigkeit der Schutzzollpolitik bei der damaligen Lage der deutschen Wirtschaft ließ sich streiten. Einige Zweige der Industrie hatten einen gewissen Schutz nötig. Das galt weniger für die Landwirtschaft, die auch erst allmählich begann, sich für den Schutzzoll zu erwärmen. Innenpolitisch brachte die Zollpolitik einen Umschwung; während die Liberalen widersprachen, begann das Zentrum unter der Führung von Windthorst das Zollprogramm der Regierung zu benutzen, um sich Bismarck zu nähern. Das Zentrum war aber keineswegs bereit, ohne jegliche Konzessionen zuzustimmen. Bismarck hatte durch die Zollgesetzgebung die Reichsfinanzen stärken wollen, auch gegenüber den Einzelstaaten. Demgegenüber setzte das Zentrum die sogenannte Franckensteinsche Klausel durch. Das Reich sollte Mehr-Erträge der neuen Steuern den Einzelstaaten überlassen, diese aber dafür dem Reich Matrikularbeiträge zahlen. Der gesunde Ausbau der Reichsfinanzen wurde dadurch erschwert. Bismarck hatte sich hier der Schlüsselstellung beugen müssen, die das Zentrum im Reichstag besaß. Es ist Bismarck auch nicht gelungen, seinen Gedanken durchzusetzen, daß die Eisenbahnen zugunsten des Reiches verstaatlicht würden. Dagegen gelang es nach ziemlich lebhaften Auseinandersetzungen mit Hamburg, den Zollverein auf Hamburg und Bremen auszudehnen. Die Hamburger Kaufleute hatten gemeint, die Wirtschaft der beiden Städte werde darunter leiden. Als der Zollanschluß endgültig 1888 vollzogen wurde, zeigte es sich, wie so oft, daß derartige Befürchtungen der «Fachleute» sich nicht verwirklichten und daß die Wirtschaft der beiden großen Städte durch den Anschluß an das deutsche Zollgebiet gefördert wurde.

Für Bismarcks Innenpolitik war die Entwicklung der parteipolitischen Lage nicht sehr günstig. Während im preußischen Abgeordnetenhaus auf Grund des Dreiklassenwahlrechtes die Konservativen eine immer beherrschendere Stellung einnahmen, wurde im Reichstag der Einfluß der Parteien, auf die sich Bismarck verlassen zu können glaubte, immer schwächer. Die Sozialdemokratische Partei war durch das Stichwahlverfahren und die Wahlkreiseinteilung für die Mehrheitsbildung noch unbedeutend. Dagegen besaß das Zentrum mit etwa hundert Mandaten sehr erheblichen Einfluß. Es unterstützte zeitweise die Politik Bismarcks, blieb aber im ganzen doch in der Opposition. Besonders wichtig wurde, daß die Nationalliberale Partei, die seit 1867 einen Rückhalt für die Politik Bismarcks gebildet hatte, seit den Auseinandersetzungen um das Sozialistengesetz und die neue Wirtschaftspolitik auseinanderfiel. Die Partei spaltete sich in mehrere Gruppen, von denen die Linksliberalen die Politik Bismarcks bekämpften. An die Spitze der Nationalliberalen trat Miquel; mit der Heidelberger Erklärung begann 1884 schon am Ausgang der Bismarck-Zeit die Entwicklung, die die reichen bürgerlichen und liberalen Schichten mit den Konservativen und mit dem großgrundbesitzenden Adel zusammenführte.

Bismarcks Lage gegenüber dem Reichstag wurde durch diese Entwicklung immer schwieriger. Besonders leidenschaftlich bekämpfte er die Deutsch-Freisinnigen und ihren Führer Eugen Richter. Bismarck hat dabei immer wieder die Gefahr überlegener Beredsamkeit geschildert und darauf hingewiesen, daß er selbst kein Redner sei. Das war nur begrenzt richtig; obwohl der Kanzler gelegentlich etwas stockend und mit hoher Stimme sprach, hat er doch fast stets auch in völlig freier Rede die unbedingte Prägnanz der politischen Formulierung besessen und war unerschöpflich reich an anschaulichen Bildern und Vergleichen. Immer stärker zeigte Bismarck die Neigung, die Bedeutung des Reichstags zurückzudrängen und die politische Berechtigung der Parteien zu leugnen. Er meinte gelegentlich, die Parteien seien überholt, würden verschwinden und durch wirtschaftliche Gruppierungen abgelöst werden. Diese Prophezeiung hat sich allerdings nur in dem Sinne erfüllt, daß die politischen Parteien anders, als es Bismarck erwartete, erhalten blieben, sich aber sehr viel einseitiger, als es wünschenswert war, mit materiellen und Interessengesichtspunkten verbanden.

Trotz den schwierigen innenpolitischen Verhältnissen und starken Widerständen im Reichstag hat Bismarck in den achtziger Jahren mit der sozialen Gesetzgebung eine große und auch für das Ausland vorbildliche Leistung durchgeführt. Seine wichtigsten Mitarbeiter dabei waren Hermann Wagener und Theodor Lohmann. In einer kaiserlichen Botschaft vom 17. November 1881 wurde ein sozialpolitisches Programm entwickelt. Der erste Entwurf eines Gesetzes für Sozialversicherung wurde schon Anfang 1881 dem Reichstag vorgelegt, blieb aber in den parlamentarischen Debatten stecken. In dem Gesetzentwurf hieß es, «daß der Staat sich in höherem Maße als bisher seiner hilfsbedürftigen Mitglieder annehme, ist nicht bloß eine Pflicht der Humanität und des Christentums, von welchem die staatlichen Einrichtungen durchdrungen sein sollen, sondern auch eine Aufgabe staatserhaltender Politik, welche das Ziel zu verfolgen hat, auch in den besitzlosen Klassen der Bevölkerung, welche zugleich die zahlreichsten und am wenigsten unterrichteten sind, die Anschauung zu pflegen, daß der Staat nicht bloß eine notwendige, sondern auch eine wohltätige Einrichtung sei». Soweit damit ein sozialistisches Element eingeführt werde, handle es sich nur um eine Weiterentwicklung der aus der christlichen Überlieferung erwachsenen modernen Staatsidee. Über die Unfallversicherung hinaus kündigte die kaiserliche Botschaft eine Versicherung gegen Krankheit, Alter und Invalidität an.

Bismarck hatte schon bei der Einbringung des Sozialistengesetzes gesagt, daß diese Kampfmaßnahmen durch Gesetze ergänzt werden müßten, die die Not der arbeitenden Schichten milderten. Er hatte geglaubt, es werde dadurch gelingen, den Einfluß der sozialdemokratischen Führer auf die Massen der Industriearbeiterschaft zu beseitigen. Bismarcks Sozialpolitik beschränkte sich ausdrücklich auf eine staatliche Versicherungspolitik. So widersprach er dem Verbot der Sonntagsarbeit, da man in die Freiheit der Arbeitnehmer nicht ein-

Manuskript der «Kaiserlichen Botschaft», 17. November 1881.
Links Bismarcks Handschrift

greifen dürfe, und war auch gegen eine Begrenzung der Frauen- und Kinderarbeit. Bei den Debatten über diese Probleme neigte Bismarck immer wieder dazu, von den Verhältnissen der Landwirtschaft auszugehen, die er aus eigener Anschauung kannte. Er überschätzte die Bedeutung der Landwirtschaft und der Grundbesitzer und meinte gelegentlich, in Preußen dürfe niemand Ministerpräsident sein, der nicht Landwirt sei. Trotz aller Bedeutung der sozialen Gesetzgebung war es eine notwendige Grenze der Haltung Bismarcks, daß er kein Verständnis für die Lage der Arbeiterschaft in den großen Städten haben konnte. Er hat nicht verstanden, warum trotz der sozialen Gesetzgebung die Massen der Arbeiterschaft nach wie vor sozialdemokratisch wählten. Die soziale Gesetzgebung konnte schon deshalb nicht auf die Arbeiterschaft wirken, weil ihr Eindruck durch das Sozialistengesetz beeinträchtigt und als eine Art Almosen empfunden wurde. Bismarck war trotz aller sozialpolitischen Haltung in keiner Weise bereit, die politische Gleichberechtigung der Arbeiterschaft anzuerkennen.

Das ändert nichts an der Bedeutung der sozialen Gesetzgebung, die in den großen Gesetzen über Krankenversicherung, Unfallversicherung und Versicherung gegen Alter und Invalidität Gestalt fand. Diese sozialpolitischen Maßnahmen stießen auf den Widerstand eines Teiles der Bürokratie und im besonderen auf den der Liberalen. Ein führender Liberaler meinte, Bismarck sei auf die schiefe Ebene gelangt, die zum sozialistischen Bekenntnis führe. Bismarck selbst hat immer wieder betont, der Staat sei verpflichtet, in die sozialpolitischen Probleme einzugreifen, und hat auf sein praktisches Christentum hingewiesen. Gelegentlich sprach er von der Notwendigkeit des Staatssozialismus, wobei es allerdings zu mancherlei Mißverständnissen kam. Man kann trotz allen Angriffen der Liberalen und trotz gelegentlichen Äußerungen Bismarcks die große soziale Gesetzgebung nicht als Sozialismus bezeichnen. Staatliche Sozialpolitik ist noch kein Sozialismus. Zum Sozialismus gehört selbstverständlich auch eine politische Auffassung, die die Gleichberechtigung aller sozialen Schichten anerkennt. Das aber konnte Bismarck von seinen Voraussetzungen aus nicht tun; eine gleichberechtigte Beteiligung an der politischen Verantwortung kam für ihn nicht in Frage.

Trotz dieser Begrenztheit bleibt die soziale Gesetzgebung der achtziger Jahre eine großartige Leistung. Zum erstenmal wurden weite Schichten der arbeitenden Bevölkerung vor Alter, Krankheit und Unfall geschützt. Diese Gesetzgebung ist dann nicht fortgesetzt worden, worin eine gewisse Erstarrung der Alterspolitik Bismarcks zum Ausdruck kommt, wozu auch sein Widerstand gegen die sozialpolitischen

*Bismarck in seinem Arbeitszimmer in Friedrichsruh, 1886*

Auffassungen Wilhelms II. beitrug, die er als Popularitätssucht empfand. Außerdem war Bismarck enttäuscht, daß trotz all diesen Maßnahmen die Zahl der sozialdemokratischen Stimmen immer weiter gewachsen war. Er vertrat nach wie vor die Gesichtspunkte der kaiserlichen Botschaft vom November 1881. Andererseits verschärfte sich sein Widerstand gegen sozialpolitische Maßnahmen, soweit sie über die Versicherungsgesetzgebung hinausgingen. Er nahm dabei gelegentlich die Argumente seiner liberalen Gegner auf, obwohl jetzt ein großer Teil der öffentlichen Meinung eine positive Fortsetzung der Sozialpolitik forderte.

In den Auseinandersetzungen über die polnische Frage hatte sich Bismarcks Standpunkt seit dem Kulturkampf verschärft. 1886 wurde ein Ansiedlungsgesetz beschlossen, das sich gegen den polnischen Großgrundbesitz in den preußisch-polnischen Gebieten richtete, aber zunächst kaum angewandt wurde. Seit dem Kulturkampf hat Bismarck nicht wie früher nur den polnischen Adeligen, sondern auch die Haltung der polnischen Bauern für feindselig gehalten. Diese Gegnerschaft wurde dadurch verschärft, daß die polnische Fraktion im Reichstag und im preußischen Abgeordnetenhaus ständig das Zentrum unterstützte, was auch von der elsässischen Gruppe galt.

Eine neue innenpolitische Lage entstand 1887. Bismarck nutzte die zeitweise bedrohliche außenpolitische Lage innenpolitisch im Kampf für eine Heeresvermehrung aus, aber auch, um eine Reichstagsmehrheit zu erzielen, die für ihn günstiger war als die bisherige. Die Regierung forderte vom Reichstag eine Vermehrung der Heeresstärke. Der Reichstag, auch Zentrum und Freisinnige, war geneigt, diese Forderung anzunehmen. Windthorst sprach davon, man sei bereit, jeden Mann und jeden Groschen zu bewilligen. Den eigentlichen Streitpunkt bildete wiederum die Dauer der Bewilligung. Bismarck verlangte eine Erneuerung des Septennats, während die Opposition die Heeresvermehrung nur für drei Jahre bewilligen wollte. Bismarck hat bei diesen Auseinandersetzungen Töne angeschlagen, die an die Konfliktzeit erinnerten. Als der Reichstag das Septennat ablehnte, löste er den Reichstag auf. Bei den Wahlen vom Februar 1887 kam es zu einem Kartell zwischen Konservativen, Freikonservativen und Nationalliberalen und damit zum erstenmal deutlich zum Bündnis der Schichten, die sich als «bürgerlich» und «national» empfanden und die innenpolitischen Gegner als nichtnational und reichsfeindlich bekämpften. Bismarck hatte dieser politischen Gruppierung vorgearbeitet. Die drei Parteien des Kartells errangen bei den Wahlen von 1887 eine sichere Mehrheit, was nur dem Stichwahlsystem zu verdanken war. Tatsächlich war die Zahl der gegen das Kartell abgegebenen Stimmen größer als die Zahl der Stimmen, die die drei Kartellparteien erhielten. Der neue Reichstag hat dann die Heeresforderungen bewilligt. Für Bismarck war das Wahlergebnis deshalb wichtig, weil bei dem hohen Alter Kaiser Wilhelms jederzeit mit einem Regierungswechsel zu rechnen war und Bismarck jetzt eine Reichstagsmehrheit hinter sich zu haben schien, die ihn auch unter der Regierung des damaligen Kronprinzen Friedrich Wilhelm stützen konnte. Tatsächlich aber waren hernach bei Bismarcks Sturz die Parteien des Kartells die ersten, die nicht bereit waren, den Reichskanzler zu unterstützen.

In den achtziger Jahren hat Kaiser Wilhelm die innenpolitische

*Kaiser Wilhelm I. im letzten Lebensjahr*

und außenpolitische Haltung Bismarcks vorbehaltlos unterstützt. Auch die Konflikte mit Hofkreisen traten in den Hintergrund. Im Reichstag und in Privatbriefen klagte Bismarck vielfach über seine Gesundheit. Im ganzen äußerte sich Bismarck aber in diesen Jahren überaus zufrieden. Er könne Kaiser Wilhelm nicht gegen dessen Willen aus dem Dienst laufen. Wenn er den Kaiser überlebe, wolle er den Rest seines Lebens auf dem Lande zubringen. *Auf der andern Seite ist der Kronprinz, wenn ich seine Regierung erlebe, mein König. Einem solchen kann ich nach meiner Denkungsweise auch den letzten Rest, der mir an Arbeitskraft bleibt, nicht versagen, wenn er meiner Dienste zu bedürfen glaubt und sie von mir verlangt, ohne mir Handlungen zuzumuten, die dem Lande, der Dynastie oder meiner Ehre schädlich sind.* Bismarck rechnete damit, auch bei einem Regierungswechsel seine gesamte Stellung zu behaupten.

## BISMARCKS STURZ

Am 9. März 1888 ist Kaiser Wilhelm I. gestorben. Im Reichstag hielt Bismarck tiefbewegt eine Gedächtnisrede, die für seine enge innere Verbundenheit mit dem Kaiser und König zeugt. Der Übergang der Regierung an den bisherigen Kronprinzen vollzog sich unter Umständen, die sehr anders waren, als man Jahre zuvor erwartet hatte. Friedrich Wilhelm, der den Namen Friedrich III. annahm, bestieg den Thron als todkranker Mann. Es war klar, daß diese Regierungszeit verhältnismäßig kurz sein mußte, und es war wenig erfreulich, daß sich sofort die weitesten Kreise dem Kronprinzen Wilhelm, der «neuen Sonne», zuwandten. Bei Lage der Dinge konnte Friedrich III. nicht daran denken, einen Wechsel eintreten zu lassen. Es ist auch nicht unbedingt wahrscheinlich, daß Friedrich III. sich trotz der Bismarck-Feindschaft seiner Gemahlin von Bismarck getrennt hätte, wenn er als gesunder Mann den Thron bestiegen hätte. Trotz den innenpolitischen Gegensätzen verband ihn manches mit dem Reichsgründer. Er war außerdem keineswegs eine starke und zielbewußte Persönlichkeit. Seine liberalen Auffassungen verbanden sich mit Anschauungen, die den Liberalen nicht ganz zusagten. Es ist deshalb wohl etwas irreführend, wenn man immer wieder davon gesprochen hat, durch den schnellen Übergang der Regierung von Kaiser Wilhelm I. auf Kaiser Wilhelm II. sei eine Generation übersprungen worden. Kaiser Friedrich III. hätte wahrscheinlich auch als gesunder Mann seine liberalen Auffassungen nur sehr begrenzt verwirklichen können. Bei der Kürze seiner Regierungszeit konnte er sich natürlich überhaupt nicht durchsetzen.

Am 15. Juni 1888 gingen die 99 Tage zu Ende. Wilhelm II. wurde Kaiser und König. Nach allgemeiner Ansicht und auch nach der Auffassung Bismarcks schien der Fortgang seiner Kanzlerschaft gesichert. Wilhelm II. hatte als Prinz mehrfach demonstrativ und manchesmal fast taktlos gegenüber dem Vater seine Begeisterung für den Kanzler und Reichsgründer zum Ausdruck gebracht. Bismarck hatte den jungen Prinzen zunächst geschätzt, aber verhältnismäßig früh darüber geklagt, daß die politische Ausbildung des Thronerben zu wünschen übrigließ. Bismarck hat versucht, ihn den ausschließlich Potsdamer Regimentseinflüssen zu entziehen und dem späteren Herrscher, etwa durch zeitweise Tätigkeit im Auswärtigen Amte, Einblick in das staatliche Leben zu ermöglichen. Der damalige Kronprinz Friedrich Wilhelm hat dem widersprochen und von der «mangelnden Reife» und dem «Hang zur Überhebung» Wilhelms gesprochen.

Schon in den letzten Zeiten der Regierung Wilhelms I. kam es zu ersten Auseinandersetzungen zwischen Prinz Wilhelm und dem Kanz-

*Kaiser Friedrich III.*

ler. Die Ursachen waren die Beteiligung des Prinzen an der Agitation des Hofpredigers Stoecker, der eine antisemitische Partei gegründet hatte, und außenpolitische Differenzen. Bismarck, der der Bewegung Stoeckers gegnerisch gegenüberstand, hielt die Beteiligung des Thronerben an einer derartigen Agitation nicht für zweckmäßig.

Prinz Wilhelm, der durch Bismarcks Sohn Herbert von den Bedenken des Kanzlers erfahren hatte, schrieb an Bismarck einen bewegten und etwas naiven Brief über seine Beteiligung an der Arbeit Stoeckers und versicherte: «Ich ließe mir stückweise ein Glied nach dem anderen für Sie abhauen, eher, als daß ich etwas unternehme, was Ihnen Schwierigkeiten machen oder Unannehmlichkeiten berei-

*Kaiser Wilhelm II.*

ten würde.» Am Schluß des Briefes hieß es für den Fall eines Krieges, daß «hier eine Hand und ein Schwert bereit sind, von einem Manne, der sich wohl bewußt ist, daß Friedrich der Große sein Ahnherr ist und dreimal soviel allein bekämpfte als wir jetzt gegen uns haben». Um dieselbe Zeit, also noch zu Lebzeiten des Großvaters und des Vaters, verfaßte Wilhelm einen Erlaß an seine künftigen Kollegen, die deutschen Reichsfürsten, der bei den Gesandtschaften hinterlegt werden sollte. In dem Begleitbrief an Bismarck meinte er, ihm würde es leicht werden, diese Herren zu kirren und sich in die Hand zu spielen, damit sie parieren, «denn pariert muß werden».

Der Kanzler hat diese Briefe in einem langen eigenhändigen Schreiben beantwortet, das von seiner Überlegenheit zeugt. Es ist allerdings erstaunlich, daß Bismarck sich nach Empfang der Briefe noch Illusionen über die Persönlichkeit des späteren Kaisers gemacht hat. Er riet dem Prinzen, das Schreiben ohne Aufschub zu verbrennen, und warnte den kommenden Herrscher vor Leuten, die sich an gewissen Bestrebungen nur beteiligten, um die Gunst des späteren Herrschers zu gewinnen. Gegenüber der Bemerkung des Prinzen, Friedrich der Große sei sein Ahnherr, richtete er an ihn die Bitte, ihm nicht nur als Feldherrn, sondern auch als Staatsmann zu folgen. Die Antwort Wilhelms lenkte scheinbar ein, wandte sich aber gegen diejenigen, die seine Absichten weiter verdächtigten. «Wehe denen, wenn ich zu befehlen haben werde!»

Dieser Briefwechsel Anfang 1888 ist für die Beurteilung beider Persönlichkeiten wichtig, aber auch für die Beantwortung der Frage, ob das Reich Bismarcks zwangsläufig untergehen mußte oder ob der letzte deutsche Kaiser weitgehend dafür verantwortlich war. Dieser Briefwechsel macht den Abstand der menschlichen und sachlichen Haltung zwischen dem alten Kaiser und dem Thronerben klar. Die verkrampfte Haltung des Prinzen ist gewiß aus mancherlei unverschuldeten Umständen von der Jugend an zu erklären, aber doch nicht zu entschuldigen. Wilhelm II. kompensierte seine Schwächen schon vor der Thronbesteigung durch den Glauben, daß er zu Großem geschaffen sei. Ludwig XIV., der als politische Persönlichkeit dem letzten deutschen Kaiser weit überlegen war, hatte einst einen großen Berater in den Geschäften belassen. Wilhelm II. fehlte diese Geduld und diese Selbstentsagung. Die Einflüsterung, Friedrich der Große wäre nie der Große geworden, wenn er einen Bismarck neben sich gehabt hätte, fiel bei ihm auf überaus empfänglichen Boden. Schon vor dem Regierungswechsel hatte Wilhelm geäußert, man brauche Bismarck noch einige Jahre. Die einheitliche Leitung sei Sache des Monarchen. Hinzu kam schon vor 1888 eine sehr unterschiedliche Beurteilung der Außenpolitik und des Verhältnisses zu Rußland.

Zunächst schien nach der Thronbesteigung alles völlig in Ordnung. Bismarck war offensichtlich seiner Sache allzu sicher, da die Schwierigkeiten, die die Regierung Friedrichs III. bringen konnte, leicht vorübergegangen waren. Bismarck blieb nach wie vor meist Berlin fern und überließ den Verkehr mit dem Kaiser seinem Sohn Herbert. Das erleichterte Persönlichkeiten, die gegen Bismarck wirken wollten, ihr Handwerk. Bei der Behandlung des Kaisers hat sich Bismarck, der alte Menschenkenner, offensichtlich geirrt. Auch sonst beging er Fehlgriffe, so etwa in dem Kampf gegen eine Teilveröffentlichung aus dem Tagebuch Kaiser Friedrichs. Am deutlichsten wirkte zu-

*Herbert von Bismarck*

nächst der außenpolitische Gegensatz. Waldersee war für einen Präventivkrieg gegen Rußland. Hinzu kamen innenpolitische Gegensätze. Stoecker, der mit Waldersee in engem Zusammenhang stand, riet zu der Taktik, um Bismarck herum Scheiterhaufen anzulegen und seine Stellung dadurch zu untergraben. Nach außen hielt der Kaiser noch immer an der Kanzlerschaft des Reichsgründers fest, innerlich war er entschlossen, ihn sobald wie möglich zu entlassen, wenn das ohne Verlust für die eigene Stellung und Popularität möglich sein werde.

Den Ausgangspunkt des endgültigen Konfliktes bildete die Sozialpolitik. Hier war Bismarcks Haltung in wachsendem Maße erstarrt. Als 1889 in Westfalen ein Bergarbeiterstreik ausbrach, nahm Bismarck deutlich zugunsten der Arbeitgeber Stellung, während der Kaiser sich einseitig und zugleich dilettantisch für die Arbeiter aussprach. Der Kaiser war beraten von einigen «Idealisten», die Bismarck nicht ohne Grund für Dilettanten hielt, und betonte immer wieder, daß er ein König der Armen sein müsse. Die Popularitätshascherei des Herrschers verstärkte Bismarcks Widerstand, der das Gefühl hatte, daß die sozialpolitischen Anschauungen Wilhelms II. nicht echt waren. In der Tat hat der Kaiser nach Bismarcks Sturz weitgehend das Gegenteil von dem getan, was er 1889/90 gegenüber Bismarck vertrat. Hinzu kamen Auseinandersetzungen um das Sozialistengesetz. Bismarck wehrte sich dagegen, vor der Abstimmung im Parlament über die Verlängerung des Gesetzes Abschwächungen durch die Regierung zuzugestehen. Daraufhin wurde die Verlängerung am 25. Januar 1890 vom Reichstag abgelehnt mit den Stimmen der Opposition und der Konservativen.

Am Tage zuvor war im Kronrat ein offener Zusammenstoß zwischen Kaiser und Kanzler vorausgegangen. Bismarck war überstürzt nach Berlin geholt worden, ohne über die Absichten des Kaisers unterrichtet zu sein. Wilhelm II. hatte es mit der Einberufung des Kronrates eilig, weil er noch am Geburtstag Friedrichs des Großen

Entwürfe zu einer Arbeiterschutzgesetzgebung durchsetzen wollte. Der Kaiser legte im Kronrat Gesetzentwürfe vor, ohne sich mit seinen amtlichen Beratern vorher zu verständigen. Trotz dem Entsetzen der Minister über diesen Vorgang schien Bismarck zunächst bereit, gegenüber den sozialpolitischen Plänen des Kaisers einzulenken. Seine Haltung war in den nächsten Wochen unsicher und schwankend. Sein Sohn Bill äußerte, es fehle der alte Hammerschlag. Hinzu kam, daß der Kaiser in den Fragen der Sozialpolitik zum Teil recht hatte; er verlangte Sonntagsruhe und Einschränkung der Arbeitszeit für Kinder und Frauen, was Bismarck als unzulässigen Eingriff in die Freiheit des Arbeiters bezeichnete.

*Alfred Graf von Waldersee*

Der Kanzler erklärte sich trotzdem bereit, die kaiserlichen Erlasse zu entwerfen, die am 4. Februar 1890 veröffentlicht wurden. Sie enthielten Zusagen, die sozialpolitisch berechtigt waren, aber sie machten auch vage und undeutliche Versprechungen. Die Erlasse erschienen, obwohl Bismarck sie entworfen hatte, ohne die verfassungsrechtlich erforderliche Gegenzeichnung des Kanzlers; das mußte auch der Öffentlichkeit zeigen, daß zwischen Kaiser und Kanzler ein Gegensatz bestand.

Die politischen Parteien waren über die eigentlichen Vorgänge kaum unterrichtet, aber die Krise zwischen Kaiser und Kanzler wurde doch bekannt. Bei der Popularitätssucht des Kaisers wäre es wichtig gewesen, wenn Bismarck bei den Parteien und bei der öffentlichen Meinung damals eine Stütze gefunden hätte. Es zeigte sich sehr bald, daß in den Zeiten von Bismarcks Sturz sich alle Parteien mehr oder weniger gegen ihn stellten, zum Teil, weil sie seine Haltung nicht verstanden, und vor allem, weil sie nur die innenpolitische Seite sahen, nicht aber die Bedeutung der Außenpolitik Bismarcks. Daran trug Bismarck selbst die Schuld, weil er die Abgeordneten immer wieder von allen außenpolitischen Problemen bewußt ferngehalten hatte. Sehr bald wurde der Gegensatz der Konservativen zu Bismarck deutlich. Die Gruppe der «Kreuzzeitung» und die Christlich-Sozialen

*Der Sitzungssaal des Reichstages in Berlin, um 1890*

unter Stoecker griffen Bismarck immer wieder an. Dagegen bildeten die Freikonservativen, die zahlenmäßig schwach waren, eine unbedingte Stütze für Bismarck. Die Nationalliberalen stellten sich wenigstens teilweise auf die Seite des Kaisers. So waren auch die Parteien des Kartells für Bismarck keine Stütze mehr.

Am 20. Februar 1890 erfolgten Neuwahlen zum Reichstag, bei denen die Sozialdemokraten ihre Stimmen gegenüber 1887 verdoppeln konnten. Die Kartellparteien verloren an Stimmen und Mandaten und befanden sich nach den Stichwahlen am 1. März in einer aussichtslosen Minderheit. Das Zentrum errang wieder eine Schlüsselstellung und konnte im Reichstag eine Mehrheit sowohl mit den Konservativen wie mit der Linken bilden.

Bismarck hatte in den Tagen nach der Veröffentlichung der kaiser-

lichen Erlasse daran gedacht, seine preußischen Ämter niederzulegen und sich auf das Altenteil der auswärtigen Politik zurückzuziehen. Er wollte diesen Rücktritt von den preußischen Ämtern am Tage der Reichstagswahlen veröffentlichen. Er hat dann den Gedanken des teilweisen Rücktritts, der ja kaum durchführbar war, aufgegeben und um die Erhaltung seiner vollen Machtstellung gekämpft. Der ungünstige Ausgang der Reichstagswahlen konnte ein Mittel sein, sich dem Kaiser ebenso unentbehrlich zu machen wie einst König Wilhelm in den Zeiten des Verfassungskonfliktes. Bismarck entwickelte jetzt ein Kampfprogramm gegen den Reichstag. Der Kaiser schien mitzugehen und erklärte: «Keine Übergabe.» Es zeigte sich aber sehr bald, daß der Kaiser nicht bereit war, eine Politik mitzumachen, deren Unpopularität er fürchtete. Die Haltung des Kaisers wurde immer mehr bestimmt durch die Einwirkung der Gegner Bismarcks, nicht zuletzt der Konservativen. Bismarck war bereit, das Sozialistengesetz aufzugeben, machte aber bei der taktischen Behandlung der sozialpolitischen Erlasse erhebliche Schwierigkeiten, worüber der Kaiser begreiflicherweise verstimmt war. Der Monarch hielt am 5. März 1890 eine Rede und erwähnte dabei, er wolle für das Wohl der unteren Klassen arbeiten. «Diejenigen, die sich mir bei dieser Arbeit entgegenstellen, zerschmettere ich.» Diese Äußerung war deutlich auf Bismarck gemünzt und wurde auch allgemein so verstanden.

Bismarck begann jetzt den Kampf um die volle Erhaltung seiner Machtstellung. Der Reichskanzler, der einst im Verfassungskonflikt die Krone gerettet hatte, versuchte jetzt die eigene Stellung im Kampf gegen den Träger der Krone zu behaupten. Er wollte vor allem seinen vollen Einfluß auf die Minister erhalten und berief sich auf eine Kabinettsordre aus dem Jahre 1852, die den unmittelbaren Vortrag der Minister beim Monarchen ohne Kenntnis des Ministerpräsidenten untersagte. Der Kaiser verlangte jetzt, daß diese Kabinettsordre aufgehoben wurde, deren Erneuerung trotz ihrer sachlichen Berechtigung in diesem Augenblick wenig zweckmäßig war. Bismarck weigerte sich, diesen Befehl auszuführen. Das wurde der formale Anlaß zum Bruch.

Auch über andere Fragen war es zu Zusammenstößen gekommen. Bismarck verhandelte nach den Reichstagswahlen mit dem Zentrum über die Möglichkeit einer konservativ-klerikalen Mehrheit. Am 12. März fand eine Unterredung zwischen Bismarck und Windthorst statt. Windthorst war zu einem Zusammengehen bereit, da er den wachsenden Einfluß der Sozialdemokratie fürchtete und meinte, nur Bismarck habe genug Autorität, die Kulturkampfgesetzgebung noch weiter abzubauen. Windthorst verließ den Kanzler allerdings unter dem Eindruck, daß er vom politischen Sterbebett eines großen Mannes käme. Es liegt eine gewisse Tragik in dem Vorgang, daß zu einem Zeitpunkt, als die Masse der Politiker Bismarck verließ, es gerade der bestgehaßte Gegenspieler war, der den Kanzler noch zu stützen versuchte.

Der Gedanke an eine konservativ-klerikale Mehrheit wurde schon dadurch hinfällig, daß die Konservativen sich ihm versagten. Von einem konservativen Historiker wurde Bismarcks Friedenspolitik als schwächlich angegriffen und gemeint, der Mann der Tat verdecke seine Tatenlosigkeit mit dem schillernden Glanz der Phrase. Die extremen Konservativen brachten die Rede vom «Zerschmettern» mit der Überschrift: «Heil dem Kaiser!» Ein großer Teil der Nationalliberalen rückte von Bismarck ab. Miquel arbeitete für eine Kanzler-

Bismarcks Entlassungsgesuch vom 18. März 1890, letzte Seite. Links Bleistiftkorrekturen Bismarcks, die im Büro mit Tinte nachgezogen wurden

«Der Lotse verläßt das Schiff». Karikatur von Sir John Teniel aus dem «Punch», März 1890

schaft Waldersees; auch der Großherzog von Baden wirkte gegen Bismarck.

Der Kaiser war über die Unterredung zwischen Bismarck und Windthorst entrüstet. Das war wenig folgerichtig, wenn er keinen Kampf mit dem Reichstag wollte. Am Morgen des 15. März kam der Kaiser zu Bismarck, der früh geweckt wurde, was seinen Lebensgewohnheiten nicht entsprach. Der Kaiser machte Bismarck zum Vorwurf, Windthorst ohne seine Zustimmung empfangen zu haben, und kritisierte Juden und Jesuiten. Bismarck erklärte, er habe das Recht, jeden Abgeordneten zu empfangen. Der Kaiser verlangte, der Reichskanzler müsse für derartige Gespräche seine Genehmigung einholen. Er verlangte die Zurücknahme der Kabinettsordre von 1852. Bismarck bot jetzt seinen Rücktritt an. Auch die Beziehungen zu Rußland spielten bei diesem Besuch eine Rolle. Wilhelm II. meinte zu Unrecht, daß Bismarck ihn unvollkommen unterrichtet habe, und sprach deutlich über die von Rußland drohenden Gefahren.

Die Auseinandersetzungen der letzten Tage vor der Entlassung waren nur ein Kampf um die Frage, wer dem anderen die Verantwortung zuschieben konnte. Bismarck hat sein Entlassungsgesuch erst geschrieben, als der Kaiser ihn dazu aufforderte. Es wurde am 18. März abgefaßt. Bismarck stellte darin die Gegensätze in den Fragen der Außenpolitik in den Vordergrund, und betonte die Notwendigkeit guter Beziehungen zu Rußland. Er sei jetzt sicher, daß der Kaiser seiner Dienste nicht mehr bedürfe und sei deshalb bereit zurückzutreten. Bismarck hatte in den Tagen der Entlassung gelegentlich eine Haltung gezeigt, die nicht sehr überzeugte. Das Entlassungsgesuch war eine großartige Staatsschrift und setzte in jeder Weise den Monarchen ins Unrecht. Der Kaiser lehnte eine Veröffentlichung des Abschiedsgesuches ab und verlieh Bismarck gegen seinen ausdrücklichen Wunsch den Titel eines Herzogs von Lauenburg. Nach außen tat der Kaiser jetzt so, als ob er Bismarck mit großem Bedauern scheiden sehe und als ob der Gesundheitszustand und Bismarcks eigener Wunsch die Ursache der Entlassung gewesen sei. Fast alle politischen Gruppen feierten den modernen und reformfreudigen Kaiser. Der Kaiser hatte das Entlassungsgesuch ungeduldig erwartet, und es, als es einging, freudig und schnell bestätigt. Er soll in diesem Augenblick gesagt haben: «Weidmanns-Heil!» An den Großherzog von Baden telegrafierte er: «Mir ist so weh, als hätte ich noch einmal meinen Großvater verloren. Aber von Gott Bestimmtes ist zu tragen, auch wenn man darüber zugrunde gehen sollte. Das Amt des wachhabenden Offiziers auf dem Staatsschiff ist mir zugefallen. Der Kurs bleibt der alte. Volldampf voran!» Das war ebenso unehrlich wie unklug. Mindestens in der Außenpolitik war der kluge und vorsichtige Kurs Bismarcks nicht zu vereinbaren mit dem Volldampf, den der Kaiser hier proklamierte. Es ist erschütternd, daß die Bedeutung von Bismarcks Sturz im Ausland stärker erkannt wurde als im Deutschen Reich. In den ausländischen Hauptstädten hat man befürchtet, daß der Abgang Bismarcks eine Gefahr für den europäischen Frieden bedeuten könne. Eine englische Zeitschrift veröffentlichte ein Bild mit der Unterschrift: «Der Lotse verläßt das Schiff.»

Bei dem Alter Bismarcks war es eine Frage von wenigen Jahren, wann seine Kanzlerschaft endete. Nicht die Tatsache, daß Bismarck entlassen wurde, sondern die Art und Weise, wie sich sein Sturz vollzog, war verhängnisvoll und ein wenig glückliches Vorzeichen für die deutsche Entwicklung in den Zeiten Wilhelms II. Im wesentlichen sind es nicht große sachliche Auseinandersetzungen gewesen, die zu der Entlassung führten. Das persönliche Bestreben des Kaisers, den Kanzler loszuwerden, stand durchaus im Vordergrund. Die sachlichen Gegensätze, die vorhanden waren, wurden nur vorgeschoben. Graf Waldersee und der Großherzog von Baden, die an der Entlassung beteiligt waren, haben gemeint, der Kaiser hätte seit Wochen nur noch Komödie gespielt, um Bismarck in einer nach außen tragbaren Form entlassen zu können.

Man hat später gemeint, daß der kontinentalbegrenzten Außenpolitik Bismarcks ein Zeitalter der Weltpolitik unter Wilhelm II. folgen mußte. Von weltpolitischen Gesichtspunkten war aber, ganz abgesehen von allem anderen, damals keine Rede. Was man Weltpolitik zu nennen pflegte, hat erst am Ausgang der neunziger Jahre eine Rolle gespielt. Der außenpolitische Gegensatz bestand in einer anderen Beurteilung des Verhältnisses zu Österreich-Ungarn und in der Neigung des Kaisers, einen Präventivkrieg gegen Rußland zu befürworten. Im wesentlichen fehlte ein neues außenpolitisches Programm. An Stelle einer klaren und doch vielseitigen Außenpolitik ließ sich Wilhelm II. bei seinen Entscheidungen durch Gefühlsmomente bestimmen. Auch der oft erwähnte Gegensatz der Generationen spielte nur sehr begrenzt eine Rolle. Gerade die jüngere, nach 1871 großgewordene Generation, der der Kaiser angehörte, war in größerer Verehrung für den Kanzler aufgewachsen als ihre Väter und Großväter. Von den Männern, die 1890 gegen Bismarck stritten oder von ihm widerstandslos abfielen, gehörten, mit Ausnahme des Kaisers, fast alle für die Entscheidung wichtigen Persönlichkeiten zu der älteren Generation.

Bismarcks innenpolitische Haltung war gewiß erstarrt, vor allem auf dem Gebiete der Sozialpolitik. Aber auch hier blieb es nach 1890 bei Einzelmaßnahmen. Wilhelm II. bekämpfte die Sozialdemokratie noch unduldsamer als Bismarck. Der Kaiser hatte Bismarck die Unterhaltung mit Windthorst vorgeworfen. Als Windthorst bald darauf starb, hat ihn der Kaiser sehr lebhaft gefeiert, was Bismarck mit gutem Grund glossierte.

Der Kaiser hat einige Zeit später davon gesprochen, Bismarck habe einen Staatsstreich geplant, und er habe ihn deshalb entlassen müssen. Auch in der deutschen Forschung ist häufig von einem solchen Plan Bismarcks gesprochen worden. Gewiß hat Bismarck gelegentlich Äußerungen in dieser Richtung getan. Aber für keinen Zeitpunkt läßt sich nachweisen, daß er einen Staatsstreich vorbereitet hat, der darin bestanden hätte, das Reich aufzulösen und es durch die Fürsten mit einem anderen Wahlrecht wieder zu gründen. Bismarck hat den Fragen des Wahlrechts keine übergroße Bedeutung beigelegt, und er war auch mit ungünstig zusammengesetzten Reichstagen fertig geworden. Die Machtstellung des Parlaments war ja auf Grund der Verfassung keineswegs sehr stark. Der Plan, eine Art Kampfprogramm im Reichstag einzubringen, hätte zu scharfen innenpolitischen Kämpfen geführt. Aber das bedeutet nicht, daß Bismarck einen Staatsstreich geplant oder vorbereitet hat. Wenn überhaupt, so war das höchstens nur einer der Pfeile, die Bismarck noch in seinem Köcher hatte. Der Versuch einer Verständigung mit Windthorst und dem Zentrum weist deutlich in eine andere Richtung als in die von Staatsstreichplänen.

Außenpolitisch war die Entlassung Bismarcks zweifelsohne ein Unglück. Innenpolitisch wäre sie nur dann ein Glück gewesen, wenn Wilhelm II. in der Lage gewesen wäre, eine neue Innenpolitik zu treiben. Tatsächlich war es ein schlechtes Vorzeichen für die weitere Entwicklung, daß der Kampf um Bismarcks Entlassung von Intrigen und Unsachlichkeit beherrscht war. Nach seiner Entlassung zeigte sich besonders deutlich, wie gefährlich es war, daß die deutsche Reichsverfassung weitgehend auf die Persönlichkeit Bismarcks zugeschnitten war und unter kleineren Nachfolgern nicht funktionieren konnte. Die Verantwortung dafür, daß nach der Entlassung keine Verfassungsreform erfolgte, trug nicht der Reichsgründer, sondern lag bei Wilhelm II. und seinen Beratern. Der Kaiser dachte schon deshalb nicht daran, einen Umbau der Reichsverfassung zu versuchen, weil er glaubte, sein eigener Kanzler sein und Bismarck voll ersetzen zu können.

Es erscheint zwiespältig, wenn man die Außenpolitik Bismarcks als eine großartige Leistung bezeichnet, seine Innenpolitik jedoch kritisiert. Die Tatsache, daß die französische Geschichtsschreibung bei Richelieu in ähnlicher Weise verfuhr, berechtigt natürlich nicht dazu, eine völlige Scheidung zwischen der außenpolitischen und innenpolitischen Haltung Bismarcks vorzunehmen, die sich ganz sicher gegenseitig bedingten. Wir haben immer wieder darauf hingewiesen, wie sehr der Ausdruck «Realpolitik» zu Mißverständnissen führen muß und in wie starkem Maße, trotz allem Fehlen von Dogmen, Bismarcks außenpolitische Haltung von seinem konservativen und monarchischen Weltbild geprägt worden ist. Im einzelnen zeigt das sein Glaube an die Bündnisunfähigkeit einer französischen Republik und seine Auffassung, daß man mit einem parlamentarisch regierten Staate wie England kein Bündnis schließen könne. Trotz aller grundsätzlichen Bedingtheit seiner politischen Auffassungen hat Bismarck aber das Kräftespiel in der Außenpolitik fast immer richtig beurteilt, und vor allem verstanden, die Gesichtspunkte der Gegenspieler zu erkennen, was ihm innenpolitisch selten gelang. Ebenso vermißt man bei seiner Innenpolitik die Fähigkeit, Maß zu halten, die seine Außenpolitik so sehr kennzeichnete. Er sah die politischen Kräfte und Gruppen im eigenen Volke ähnlich an wie das diplomatische Kräftespiel in der Außenpolitik. Gerade deshalb ist es ihm nicht gelungen, die Reichsgründung innenpolitisch zu vollenden.

Man hat gemeint, Bismarck habe den liberalen und demokratischen Strömungen eher zu viel als zu wenig nachgegeben. Aber dieses Urteil ist abwegig, wenn man nicht gleichzeitig die Reichsgründung verurteilt, die den Nationalstaat in kleindeutschem Rahmen herbeiführte. Denn es lag im Wesen der nationalstaatlichen Bestrebungen, daß sie die Massen erfassen mußten. Von seinen eigenen Voraussetzungen her konnte Bismarck hier zwar den ersten, aber nicht den zweiten Schritt tun. Es fehlt in Bismarcks politischem Vokabular keineswegs an Schlagworten, die sich später verhängnisvoll auswirken sollten, wie etwa die Formulierung von den *staatserhaltenden und nationalen Parteien* im Gegensatz zu den *Reichsfeinden*. Dabei zeigt die Entwicklung nach 1890, daß das Deutsche Reich nicht an den Kräften zugrunde gegangen ist, die Bismarck als Reichsfeinde zu bezeichnen pflegte, sondern an einer unklugen und unrealen Außenpolitik, die gewiß nicht den Krieg herbeiführen wollte, aber doch das Reich in eine verhängnisvolle außenpolitische Lage brachte.

*Berlin, Lehrter Bahnhof, 29. März 1890: Bismarck im Sonderzug, der den scheidenden Kanzler nach Friedrichsruh bringt*

## BISMARCK NACH DER ENTLASSUNG

Bismarck hatte als Reichskanzler immer wieder davon gesprochen, daß er nur aus Pflichtgefühl im Amte bleibe und daß er sich nach dem Aufenthalt auf dem Lande sehne. Als er jetzt nach der Entlassung in Varzin und in Friedrichsruh auf dem geliebten Lande und inmitten seiner Bäume lebte, hatte er doch immer wieder das Gefühl, zur Untätigkeit verdammt zu sein. Ihm fehlte die verantwortliche amtliche Tätigkeit. Er sprach mehrfach davon, wie befriedigend die Waldeinsamkeit sei. Aber trotzdem waren die Jahre nach 1890 für ihn innerlich nicht ausgefüllt und deshalb unbefriedigend, was ja überaus verständlich war. Auf der anderen Seite kann man diese Jahre keine unglücklichen nennen. Besucher berichteten häufig von Bismarcks gutem Aussehen und von seiner guten Stimmung. Ein Besucherstrom war vor allen Dingen in Friedrichsruh zu verzeichnen, wobei das amtliche Berlin fast ganz fehlte. Zahlreiche Deputationen huldigten dem alten Reichskanzler. Manchem Besucher erschien Bismarck als der «germanische Recke», was mehr zu seiner Gestalt als zu seiner inneren Haltung paßte.

Die Deputationen fanden ihren Höhepunkt im Jahre des 80. Geburtstags 1895. In zahlreichen Ansprachen wurde der Altreichskanzler gefeiert, oft auch in Versen, die uns heute kitschig erscheinen. Bismarck hat allen Deputationen mit kürzeren und längeren Ansprachen geantwortet. Er hat mehrfach zum Ausdruck gebracht, wie glücklich er sei, daß in diesen zahlreichen Besuchen und Feiern die Dankbarkeit des deutschen Volkes für seine Leistung zum Ausdruck komme. Bismarck sagte mehrfach bescheiden, daß er selbst der einzige Überlebende einer großen Zeit sei und daß er jetzt als einziger den Dank entgegennehme. Bismarck betonte immer wieder, daß das 1871 gegründete Reich Bestand haben werde. Einmal hieß es vor Studenten, sie würden noch 1950 ein Hoch auf Kaiser und Reich ausbringen. In privaten Äußerungen sprach er häufig sehr viel pessimistischer über die Zukunft des Reiches und künftige Gefahren. Einmal soll er gesagt haben: *Es kann ja sein, daß Gott für Deutschland noch eine zweite Zeit des Zerfalles und darauf eine neue Ruhmeszeit vorhat, auf einer neuen Basis der Republik, das aber berührt uns nicht mehr.*

Bismarck hat nie ernstlich daran gedacht, wieder in sein Amt zurückzukehren. Aber er hat immer wieder betont, daß er sich das Recht nicht nehmen lasse, sich als Privatmann zu den politischen Fragen zu äußern. Das geschah weitgehend in Zeitungsaufsätzen, die in den «Hamburger Nachrichten» erschienen und die mittelbar oder unmittelbar von Bismarck verfaßt waren. Die Politik habe jedes andere Steckenpferd verschlungen, hat er mehrfach gesagt. Er kam in all seinen Äußerungen nach 1890 nicht davon los, sich mit den Fragen der Gegenwart, aber auch mit den politischen Problemen der Vergangenheit zu beschäftigen. Die Nationalliberalen hatten ihm 1891 ein Reichstagsmandat zur Verfügung gestellt. An den Sitzungen des Deutschen Reichstages hat er aber nie teilgenommen.

Die ersten Jahre nach der Entlassung waren teilweise ausgefüllt durch die Arbeit an dem großen Erinnerungswerk, das zunächst als *Gedanken und Erinnerungen* erschien. Der richtige Titel ist *Erinnerung und Gedanke*. Das wesentliche Verdienst an dem Zustandekommen des großen Memoirenwerkes hat sein alter Mitarbeiter Lothar Bucher. Er hat nicht nur Material gesammelt, sondern immer wieder verstanden, Bismarck zum Diktat einzelner Teile des werdenden Werkes zu veranlassen, was sehr mühselig war, da Bismarck keine Neigung zu einer eingehenden geschichtlichen Darstellung besaß. Er ging bei den Diktaten sprunghaft und willkürlich vor und ließ sich nicht immer gern beeinflussen. Die Arbeit wurde 1892 abgeschlossen, die endgültige Ausgabe hat Horst Kohl nach dem Tode Bismarcks vorbereitet. Der erste Band ist in zwei Bänden bald nach Bismarcks Tode erschienen. Der die Entlassung behandelnde Band, der dann nach dem Sturz des Kaiserreiches zunächst als dritter Band erschien, sollte nach dem Willen Bismarcks erst nach dem Tode Wilhelms II. erscheinen. Der alte Monarchist hat trotz aller Kritik an dem letzten deutschen Kaiser gelegentlich überhaupt Bedenken gehabt, die schwere Anklage gegen den Monarchen der Öffentlichkeit zu übergeben. Der erste Band, der die Zeit bis 1890 umfaßt, gibt keine geschlossene Darstellung. Er kreist um Probleme und Personen, die auch in den Gesprächen den alten Bismarck immer wieder beschäftigten. Das Erinnerungswerk zeigt die gewaltige Sprachkraft Bismarcks. Alle Mitteilungen über die Vergangenheit sind mit häufig großartigen politischen Gedanken verbunden. Die Darstellung der eigenen Vergangenheit zeigt die Neigung, auch in die früheren Jahrzehnte das Ergebnis des 1871 Erreichten hineinzudeuten. Der zweite bzw. dritte Band über die Entlassung enthält eine leidenschaft-

*Das Schloß in Varzin*

liche Anklage über die Vorgänge von 1890 und im besonderen gegen den Kaiser. Dabei zeigt es sich, daß Bismarck nicht alle Gegenspieler kannte und die Gegnerschaft des Staatssekretärs von Bötticher überschätzte, den er immer wieder kritisiert. Die Schilderung der Entlassung drückt Leidenschaft und Haß aus. Trotzdem ist das Gesamtbild wahrhaftig und ehrlich.

Bismarck hat in den ersten Jahren nach seiner Entlassung in der Kritik an der Regierung Zurückhaltung geübt. Es war deshalb sehr ungewöhnlich, daß die Regierung kurz nach der Entlassung an die deutschen diplomatischen Vertreter die Anweisung gab, man solle darauf hinweisen, daß Bismarck nicht mehr befugt sei, in amtlicher Eigenschaft zu sprechen. Das war unnötig und taktlos. Zum Höhepunkt des Konfliktes mit der Regierung kam es, als Bismarck 1892 zur Hochzeit seines Sohnes nach Wien fuhr. Kaiser Franz Joseph hatte Bismarck eine kurze Audienz zugesagt. Wilhelm II. hat durch einen ziemlich taktlosen Brief an Franz Joseph die Audienz unmöglich gemacht. Der Reichskanzler von Caprivi hatte außerdem dem deutschen Botschafter verboten, an der Hochzeit teilzunehmen. Diese Vorgänge haben Bismarck natürlich verbittert. Auf der Hin- und Rückreise ist er immer wieder stürmisch gefeiert worden. Bismarck hat vor allen Dingen auf der Rückreise so deutlich wie sonst nie von den Einseitigkeiten des monarchischen Regimentes gesprochen.

*In Friedrichsruh, 1894. Aufnahme: Hahn, München*

*Berlin 1894: Fackelzug für Bismarck im Tiergarten. Nach einer Zeichnung von A. v. Rößler*

Bismarck hat in der Zeit nach der Entlassung immer wieder sein enges Verhältnis zu Wilhelm I. betont und sich an diese Epoche erinnert. Persönliche Kritik an Wilhelm II. hat er im ganzen vermieden. Das Bild des Kaisers in Lebensgröße, das ihm dieser bei seiner Entlassung schenkte, hat er auch in Friedrichsruh an einem Ehrenplatz aufstellen lassen. Anfang 1894 kam es zu einer gewissen Versöhnung wenigstens gegenüber der Außenwelt. Bismarck wurde vom Monarchen empfangen, wobei es nur zu gleichgültigen Gesprächen kam. Dasselbe galt von späteren Besuchen des Kaisers in Friedrichsruh. Von dem letzten Besuch des Kaisers in Friedrichsruh Ende 1894 hat uns Tirpitz berichtet: «Der Fürst versuchte, politische Gespräche anzuspinnen über unser Verhältnis zu Frankreich und so weiter. Zu meinem größten Bedauern ging der Kaiser auf diese Gespräche nicht ein, sondern es wurde die an der kaiserlichen Tafel häufige Anekdötchenunterhaltung geführt. Immer, wenn Bismarck von Politik anfing, vermied es der Kaiser, darauf zu achten. Moltke (Flügeladjutant) flüsterte mir zu: ‹Es ist furchtbar›; wir fühlten den Mangel an Ehrfurcht vor einem solchen Manne. Da sprach Bismarck aus irgendeinem Zusammenhange heraus ein Wort, das sich uns in seiner prophetischen Schwere eingrub: ‹Majestät, solange Sie dies Offizierskorps haben, können Sie sich freilich alles erlauben; sollte das nicht mehr der Fall sein, so ist das ganz anders.›»

Einen tiefen Einschnitt in Bismarcks Leben bildete der Tod seiner Frau, die Ende 1894 in Varzin starb. Dieser Verlust hat ihn auf das allertiefste bewegt und auch seinen Gesundheitszustand ungünstig beeinflußt. An seine Schwester schrieb er: *Was mir blieb, war Johanna, der Verkehr mit ihr, die tägliche Frage ihres Behagens, die Betätigung der Dankbarkeit, mit der ich auf 48 Jahre zurückblicke. Und heut alles öde und leer; das Gefühl ist ungerecht, aber I can not help it. Ich schelte mich undankbar gegen so viel Liebe und Anerkennung, wie mir im Volke über Verdienst geworden ist; ich habe mich 4 Jahre hindurch darüber gefreut, weil s i e sich auch freute, wenn auch mit Zorn gegen meine Gegner, hoch und niedrig. Heut aber ist auch diese Kohle in mir verglimmt, hoffentlich nicht für immer, falls mir Gott noch Leben beschert, aber die 3 Wochen, die gestern verlaufen waren, haben über das Gefühl der Verödung noch kein Gras wachsen lassen.*

In zahlreichen Äußerungen des alten Bismarck wird überaus deutlich, daß er bei allem Stolz auf die eigene Leistung doch stets bescheiden war. Bismarck hat 1893 einmal bemerkt: *Die Eitelkeit ist eine Hypothek, die auf den Fähigkeiten eines Menschen ruht; man muß sie erst wegnehmen, um zu sehen, wie viel wirkliches inneres Kapital vorhanden ist.* Bismarck selbst war ganz ohne Eitelkeit. Er hat sich auch im Alter keineswegs gescheut, von eigenen Mängeln zu sprechen, so über seine geringe Arbeit als Student. Bei all seinen Ansprachen wirkte er meist einfach, schlicht und gütig, keineswegs als «Herrenmensch», trotz aller Begeisterung, die ihm entgegenschlug.

Bei den Gesprächen über die Vergangenheit hat Bismarck mehrfach die Auffassung wiederholt, daß der Einzelne die Geschichte nicht mache und daß der Mensch den Strom der Zeit nicht lenken könne. Zum Problem der Reichsgründung sagte er mehrfach, es sei darauf angekommen, den preußischen König und das preußische Heer für die nationale Sache zu gewinnen. Der Ausgang des Krieges von 1866 wird als Gottesurteil bezeichnet. Im Gegensatz zu den Franzosen sprach Bismarck davon, daß der germanische Geist den Frieden liebe und nicht angriffslustig sei, wobei das Germanentum nicht im Sinne späterer Auffassungen mißbraucht wurde. Bismarck vertrat ja immer wieder die Auffassung, daß die Beimischung von slavischen Bestandteilen für das Deutschtum günstig sei. Gelegentlich äußerte Bismarck, das Ansehen der Krone sei 1862 dem Gefrierpunkt nahe gewesen und er habe es gerettet.

Bei der Beurteilung der außenpolitischen Lage verteidigte er das Bündnis mit Österreich-Ungarn, betonte aber auch die Bedeutung des Verhältnisses zu Rußland. 1896 hat Bismarck in den «Hamburger

Nachrichten» den Inhalt des Rückversicherungsvertrages mit Rußland mitgeteilt, was natürlich ungewöhnlich war. Trotz seiner Kritik an der Außenpolitik des neuen Kurses meinte Bismarck, daß eine friedliche Entwicklung gesichert sei. Die Monarchen hätten *durch Kämpfe untereinander viel mehr zu verlieren und der Revolution gegenüber viel mehr einzubüßen als sie je untereinander von dem anderen gewinnen können.* Seiner monarchistischen Überzeugung blieb Bismarck treu, wobei auch in der Spätzeit auffällt, daß er eigentlich vor jedem, auch dem unbedeutendsten Glied eines fürstlichen Geschlechtes, Hochachtung hatte. Allerdings hat er mehrfach auch betont, daß er vielleicht die Macht der Krone allzusehr gestärkt habe. Parlament und Presse müßten ein Korrektiv gegen die Regierung bilden. Die Ablehnung einer Glückwunschadresse zu seinem 80. Geburtstag durch den Reichstag hat seine Kritik an den Parteien natürlich verschärft. Besonders negativ beurteilte er die Sozialdemokraten, die Räuber und Diebe seien und sich außerhalb des Staates gestellt hätten. Er sprach von der notwendigen Einheit aller *produktiven* Stände und wiederholte die Auffassung, daß die Zeit der politischen Parteien zu Ende gehe. Wie schon immer bei Bismarck wurde auch die Bürokratie scharf angegriffen. Gelegentlich konnte Bismarck meinen,

*Johanna von Bismarck in den letzten Lebensjahren*

Bismarck. Gemälde von Franz v. Lenbach

*In den neunziger Jahren. Aufnahme: Hahn, München*

eine Vermehrung der Beamtenstellen führe dazu, daß sich die Beamten Arbeit machten, wenn keine vorhanden sei. Gegenüber einer Abordnung des Bundes der Landwirte empfahl Bismarck die Wahl von Interessenvertretern und polemisierte gegen die Leute *ohne Halm und ohne Ar,* womit er auf eine Äußerung von Caprivi anspielte.

1896 begannen aus Gesundheitsgründen die Empfänge und Ansprachen seltener zu werden. Es kommt in den letzten Jahren zu verschärften und einseitigen Äußerungen. Trotzdem bleibt das gesamte politische und persönliche Bild des entlassenen Reichskanzlers imponierend und großartig. Am 30. Juli 1898 ist Bismarck in Friedrichsruh gestorben, versorgt von seiner Tochter, der Gräfin von Rantzau. Der Tod erlöste ihn, bevor die volle Wirkung des Altersleidens eintrat. Im Sachsenwald hat er, seinem Wunsch entsprechend und wahrscheinlich im Gegensatz zu Plänen des Kaisers, die letzte Ruhe gefunden.

Wilhelm II. ließ im «Reichsanzeiger» einen Erlaß veröffentlichen, der der einmütigen Trauer und dankbaren Bewunderung Ausdruck geben sollte. Man wolle erhalten, ausbauen und notfalls mit Gut und Blut verteidigen, «was er, der große Kanzler, unter dem Kaiser Wilhelm dem Großen geschaffen hat». Diese Äußerung des Monarchen gehört zu dem Bild des mißverstandenen Bismarck, unter dem das deut-

*Die Grabstätte in Friedrichsruh*

sche Volk gelitten hat und noch heute leidet, zum Teil auch dadurch, daß dem falschen Bild vom «Eisernen Kanzler» das Bild vom Bösewicht entgegengesetzt wird. Trotz allen Bismarck-Denkmälern, Bismarck-Türmen und Bismarck-Reden haben das deutsche Volk und seine Politiker keine echte Bismarck-Tradition pflegen können. Man hat vor und nach 1914 allzusehr an seine einseitige innenpolitische Haltung angeknüpft und sich dabei auf Bismarcks Äußerung berufen, daß die Staaten durch die Kräfte erhalten würden, die sie begründet haben.

Diese Auffassung ist nur begrenzt richtig. Die große außenpolitische Leistung Bismarcks in den Jahrzehnten nach der Reichsgründung ist vom deutschen Volk und seinen Politikern kaum verstanden worden. Das begann bereits mit der Nichterneuerung des Rückversicherungsvertrages 1890, mit der Auffassung von der Nibelungentreue und dem Glauben daran, daß der Appell an die Macht der eigentliche Wesenszug der Außenpolitik Bismarcks gewesen sei. Anläßlich der Entsendung des Kanonenbootes «Panther» nach Agadir hat ein nationalliberaler Politiker gemeint, das sei eine «Politik nach Bismarcks Art». Man konnte den Reichsgründer nicht gründlicher mißverstehen.

Es fehlt in Bismarcks Politik und in seinem Menschentum gewiß nicht an gewaltsamen Zügen, die den großen und edlen Eigenschaften gegenüberstehen. Den menschlich sympathischen Zügen, in erster Linie dem Verhältnis zu Frau und Kindern und allerdings nur sehr begrenzt zu den Mitarbeitern, stehen harte und unerbittliche Eigenarten gegenüber.

Das Wesen dieses Politikers wird gerade dann deutlich, wenn man die inneren Risse und Spannungen in seinem Leben und Werk kennt. Man muß sich darüber klar sein, daß auch der größte Politiker die Bindungen an die Zeit, aus der er stammte, nicht abschütteln kann. Auch in einigen Äußerlichkeiten zeigten sich diese unmodernen Züge. So lehnte Bismarck noch in der Spätzeit die Einführung des Telefons in seinen Amtsräumen ab.

Die Gründung des deutschen Nationalstaates bleibt über die Zeiten hinaus ein Werk von großer Bedeutung, das trotz der Teilung Deutschlands in unseren Tagen weiterwirkt; die Einheit des Reiches und die Einigkeit des deutschen politischen Lebens wurden schon nach dem Ersten Weltkrieg gerade von den innenpolitischen Kräften getragen, die in politischem Gegensatz zu Bismarck gestanden hatten. Die Schaffung des deutschen Nationalstaates bleibt auch dann geschichtlich wirksam, wenn das Ergebnis in dieser Form nicht in der Politik Bismarcks vorausgedacht war. Ohne die Gründung des Deutschen Reiches von 1871 würden wir heute nicht an die Wiedervereinigung denken können. Es gibt im Ablauf der deutschen Geschichte mancherlei Fehlentwicklungen, und auch das Zeitalter Bismarcks ist von ihnen nicht frei. Auch wenn man Fehler und Schattenseiten erkennt und anerkennt, ist es nicht möglich, die Geschichte von Jahrhunderten auszustreichen und im Gegensatz zur preußisch-deutschen Entwicklung an das Aachen Karls des Großen anzuknüpfen, wie man das in unseren Tagen versucht hat.

Wenn heute Berlin als das Symbol der deutschen Einheit erscheint, so liegt trotz aller Schwere und Tragik der deutschen Entwicklung darin auch eine Anerkennung Bismarcks und seines Werkes.

# ZEITTAFEL

| | |
|---|---|
| 1815 | 1. April: Bismarck zu Schönhausen geboren |
| 1822–1827 | Plamannsche Lehranstalt zu Berlin |
| 1827–1830 | Friedrich-Wilhelm-Gymnasium |
| 1830–1832 | Graues Kloster |
| 1832 | Student in Göttingen |
| 1835 | Referendar-Examen in Berlin |
| 1835–1838 | An Gerichten in Berlin und Aachen tätig |
| 1838 | Entsagt dem Staatsdienst, danach Leben als Landwirt auf Kniephof und Schönhausen |
| 1847 | Mitglied des Vereinigten Landtags – Heirat mit Johanna von Puttkamer |
| 1848 | März: Scharfer Kampf gegen die Revolution |
| 1849–1850 | Mitglied der Zweiten Preußischen Kammer |
| November 1850 – Mai 1851: Mitglied des Erfurter Parlamentes | |
| 1850 | 3. Dezember: Rede in der Zweiten Kammer zur Olmützer Konvention |
| 1851 | Mai: Legationsrat und Gesandter am Frankfurter Bundestag |
| 1857–1858 | Auseinandersetzung mit Leopold von Gerlach |
| 1859 | Abberufung aus Frankfurt a. M. – Gesandter in St. Petersburg |
| 1862 | Gesandter in Paris |
| | September: Ernennung zum preußischen Ministerpräsidenten |
| 1862–1864 | Preußischer Verfassungskonflikt |
| 1863 | Ablehnung der Beteiligung am Fürstentag in Frankfurt a. M. |
| 1863–1864 | Kampf gegen Dänemark an der Seite Österreichs und Befreiung von Schleswig-Holstein |
| 1865 | Konvention von Gastein |
| 1866 | Krieg mit Österreich – Friede von Nikolsburg und Beilegung des Verfassungskonfliktes |
| 1867 | Gründung und Ausbau des Norddeutschen Bundes – Bismarck Bundeskanzler – Luxemburger Krise |
| 1868 | Wahlen zum Zollparlament |
| 1870 | Juli: Spanische Thronkandidatur – Emser Depesche und Ausbruch des Krieges mit Frankreich |
| | 1./2. September: Schlacht bei Sedan |
| 1871 | 18. Januar: Gründung des Deutschen Reiches in Versailles |
| | Mai: Endgültiger Friede mit Frankreich in Frankfurt a. M. – Beginn des «Kulturkampfes» |
| 1873 | Drei-Kaiser-Verhältnis Deutsches Reich–Österreich–Rußland – Maigesetze |
| 1874 | Attentat auf Bismarck |
| 1875 | Krieg in Sicht – Krise mit Frankreich |
| 1878 | Berliner Kongreß – Sozialistengesetz und Bruch mit der liberalen Wirtschaftspolitik |
| 1879 | Bündnis mit Österreich-Ungarn – Neue Wirtschafts- und Sozialgesetzgebung |

| | |
|---|---|
| 1881 | Erneuerung des Drei-Kaiser-Bündnisses – Kaiserliche Botschaft und Beginn der sozialen Gesetzgebung |
| 1882 | Dreibundvertrag |
| 1884 | Drei-Kaiser-Zusammenkunft |
| 1887 | Rückversicherungsvertrag mit Rußland – Wahl des Kartellreichstags |
| 1888 | 9. März: Tod Kaiser Wilhelms I. |
| | 15. Juni: Regierungsantritt Wilhelms II. |
| 1890 | 20. März: Entlassung Bismarcks |
| 1894 | Tod Johanna von Bismarcks |
| 1898 | 30. Juli: Tod Bismarcks in Friedrichsruh |

# Vom Geld ist die Rede, von wem noch?

*«Sie sind alle auf Jahresgehalt angestellt ...*

... und deshalb gleichgültig; ob ich auf meinen Nutzen komme oder nicht – ihr Verdienst bleibt der gleiche.» Der Mann, der sich so über seine Aufseher beklagte, besaß fast 27 000 Hektar Land, vergleichsweise etwa zwei Drittel des Landes Bremen; außerdem betrieb er Fischfang. Als Vierzigjähriger verdiente er allein an Heringen 1350 Pfund Sterling im Jahr. Er besaß außerdem Mühlen und zeitweilig eine kleine Weberei, eine Schuhmacherei und eine Schmiede. Er war zwar nicht der erste Millionär seines Landes, aber doch der erste, der es blieb, obwohl er nicht sparsam oder gar geizig war. Er liebte Kartenspiel (sein höchster Tagesverlust: 10 Pfund), Parties, Hahnenkämpfe, Theater, Billard und hatte in sieben Jahren rund 2000 Gäste bei sich. Seine exquisite Garderobe bezog er nur aus London.

Er wurde geboren im selben Jahr wie Stanislaus, der letzte König Polens; er aber wurde der erste Erste seines Landes. Nach der Schulzeit lernte er Vermessungstechnik, wurde Kreis-Landvermesser und verdiente pro Meßtag 35 bis 105 Shilling. Das Geld sparte er und kaufte neues Land dafür; Vergrößerung des Landbesitzes war anscheinend ein Familienhobby, seit Heinrich VIII. einst den Vorfahren Land geschenkt hatte.

19jährig machte er die einzige Reise außer Landes: zur Insel Barbados. Ein Jahr später trat er dem Militär bei, bekam einen Posten für 100 Pfund jährlich. Vier Jahre danach verdiente er als Offizier 750 Pfund, dem Goldgehalt nach etwa 24 000 DM, der Kaufkraft nach viel mehr. Allerdings: er mußte Waffen, Uniform und Pferd selber stellen und seinen Adjutanten verköstigen.

Mit 26 war er wieder Landwirt und heiratete bald darauf die reichste Witwe seiner Gegend, die außer Ländereien 25 000 Pfund in festverzinslichen Wertpapieren besaß. Seinen Beruf unterbrach er später noch zweimal. Jeden Morgen stand er um 4 Uhr auf, schrieb Briefe (fast so viele wie Goethe) und ritt danach die Grenzen seiner Ländereien ab. Bei einem solchen Ritt im Hagelsturm holte er sich eine Erkältung, der er wenig später erlag, im 68. Lebensjahr.

Von wem war die Rede? (Alphabetische Lösung: 23–1–19–8–9–14–7–20–15–14.)

# Pfandbrief und Kommunalobligation

**Meistgekaufte deutsche Wertpapiere - hoher Zinsertrag - bei allen Banken und Sparkassen**

Verbriefte Sicherheit

# ZEUGNISSE

## Hans Rothfels

Im zeitlichen Abstand und im Blick auf die dazwischenliegenden Katastrophen hat das Bild Bismarcks Konturen gewonnen, die ihn nicht nur als einen großen Gestalter des deutschen politischen Lebens in seiner Zeit charakterisieren, sondern ihn hinausgreifen lassen über das nationalstaatliche Jahrhundert wie über dessen Ende in Weltkrieg und Weltrevolution. Seine Figur hebt sich damit ab von jeder klischeehaften Monumentalisierung, von der banalen Legende des «eisernen Kanzlers», aber auch von der eilfertigen Herstellung angeblicher Kausalketten, als ob 1862 oder 1866 oder 1878 durch ihn entschieden worden sei, was 1914 oder 1918 oder – schlimmer noch – 1933 geschah ...

Indem in dieser Erinnerungsstunde solche Züge der Staatsanschauung herausgehoben werden, wissen wir, daß ihre Substrate, die deutschen wie die europäischen, weitgehend überwalzt worden sind, daß die globale Weltsituation und die pluralistische Massengesellschaft außerhalb aller Bismarckschen Perspektiven lagen. Weder irgendein Inhalt seiner Politik noch seine Figur können direkt hinübergenommen werden in unsere Zeit. Aber sie rühren an Grundsätzliches und haben etwas Forderndes behalten oder erst wieder für uns gewonnen. Sie liegen fernab von jeder Arroganz, die der Vorsehung in die Karten zu greifen sich anmaßt oder das Paradies auf Erden verheißt, fernab von jeder selbstgemachten Ideologie. Bismarck tradiert damit eine Auffassung des politischen Berufs, die – frei von weltanschaulichen Sympathien oder Antipathien – mit den Gegebenheiten nüchtern rechnet, ohne auf ihre sinnvolle Gestaltung zu verzichten, die sich bewußt ist, den Strom der Zeit nicht schaffen, sondern nur auf ihm steuern zu können. Ebenso bescheiden wie anspruchsvoll hat er das Bild des religiös gebundenen, aber auf die eigene sittliche Verantwortung gestellten Staatsmannes in dem oft zitierten Satze beschrieben, er könne nichts Besseres tun, als aufhorchen und einen Zipfel zu ergreifen suchen, wenn er den «Mantel Gottes» durch die Ereignisse rauschen höre.

Wendet man sich von der vielgeschichtigen, ebenso vitalen wie sensiblen und immer wieder faszinierenden Persönlichkeit zum Werk, so steht in vorderster Linie der umstrittenen Fragen die der Gründung des Reiches, des deutschen nationalen Staats. War nicht das schon ein Irrweg, den Bismarck mit gewaltsamen Mitteln einer anders angelegten Wirklichkeit aufgeprägt hat? War nicht Deutschland ein «Vaterland der Vaterländer» und hätte es bleiben sollen? Nun, wenn es ein Irrweg war, so war es einer des 19. und frühen 20. Jahrhunderts bei vielen noch nicht staatlich geeinten Völkern Mittel- und Ostmitteleuropas und ist es heute für ganze Kontinente. Liberale und Sozialisten insbesondere stimmten in Deutschland um 1860 weithin im Ziel großräumiger nationaler Zusammenfassung überein, die der partikularistischen Enge ein Ende setzen und die Lücke in der Mitte des Kontinents ausfüllen sollte. Bismarck entnahm dieses Ziel aus dem Strom der Zeit, um es dann, freilich in sehr eigener Weise, zu verwirklichen ...

Was immer diese Konzeptionen im einzelnen wie in ihrer Zeitbedingtheit bedeuteten, – wir haben gewiß allen Anlaß, nach der Zerstörung so vieler geschichtlicher Strukturen und nach dem vollen Ausbruch des Unmenschlichen mit dankbarer Bejahung des durch Bismarck in seiner Zeit Erreichten zu gedenken, einer nationalen Gemeinschaftsform, frei von Hybris und Arroganz, die entgegen seiner eigenen Sorge den Sturz der Dynastien überlebt hat und in aller Bedrohung durch ideologischen Zwiespalt und machtpolitisches Diktat als unabdingbare Forderung unter uns lebt. Ebenso aber auch des Gewollten und Unvollendeten, das, als Doppelaufgabe von einem vorausschauenden Staatsmann ergriffen, unter verwandeltem Vorzeichen und in einer durchaus verwandelten Welt, Teil seiner Hinterlassenschaft bleibt, indem es eine für uns nur noch dringlicher gewordene Forderung sich selbstbehauptender, aber solidarischer Gestaltung im internationalen wie im sozialen Bereich in sich schließt. Nicht von einem restaurativen Wunschbild her, sondern in nüchterner Begegnung mit unserer eigenen Wirklichkeit, mögen uns die Worte wie auf diesen Tag bezogen ergreifen, die ein zeitgenössischer Historiker, der nicht Bismarckianer war, an einen ausgesprochenen Bismarck-Gegner schrieb: «Man spürt ein Rauschen überm Haupt und ein Wehen an der Wange hin, so oft seine Gestalt den Gedanken vorübergeht.»

*In: Vierteljahrshefte für Zeitgeschichte, Juli 1965*

ANDRÉ FRANÇOIS-PONCET

Sie werden sicher nicht staunen, wenn ich Ihnen sage, daß Bismarck in Frankreich wenig Sympathie und Bewunderung genießt. Der Durchschnittsfranzose sieht in ihm vor allem den Eisernen Kanzler, das heißt also eine Art Koloß, der stets die weiße Uniform der Gardekürassiere trägt und dabei also gestützt auf einen großen Säbel erzürnt und drohend aussieht. Bismarck wird bei uns als der Staatsmann aufgefaßt, der so die Emser Depesche mehr oder weniger gefälscht hat und dadurch den Krieg unvermeidlich gemacht hat und dabei den Krieg als ein normales Mittel der Politik betrachtet, also der an die Gewalt, an

das Faustrecht glaubt, und durch seinen Einfluß, durch den Einfluß Bismarcks hat von Anfang an das neugegründete Kaiserreich, deutsche Kaiserreich den Charakter einer militärischen und für die übrige Welt gefährlichen Macht. Insofern trägt er also in den Augen der Franzosen Verantwortung für den Aufstieg des Nationalismus und speziell der späteren Nazis. Natürlich sind die Ansichten der gebildeten Schichten über Bismarck viel nuancierter als die des breiten Publikums. Diese Schichten wissen, daß Bismarck gar kein so entschlossener Verehrer des Militarismus und des Militärs war, daß er ein sehr gewandter Weltmann war, daß er Französisch perfekt sprach und am Hofe Napoleons III. eine sehr gern gesehene Persönlichkeit war. Auch glauben diese Schichten zu wissen, daß Bismarck den Deutsch-Französischen Krieg nicht besonders gewünscht hat. Er hätte ihn lieber vermieden, und vielleicht hätte er ihn vermieden, wenn die Diplomatie Napoleons III. selbst etwas gewandter, etwas geschickter gewesen wäre. Bismarck hatte einen Sinn für Europa, für die Solidarität der europäischen Nationen, für das Gleichgewicht der Kräfte, auf welches er sich den Frieden des Kontinents dachte. Aber immerhin, wenn man alles gesagt hat, bleibt, daß Bismarck einer anderen Zeit gehört. Dieser preußische Junker, der gehört zu der Zeit, wo es noch eine Politik der Kabinette gab. Heute sind die Verhältnisse ganz anders geworden. Die äußere Politik spielt auf einer anderen Bühne, und Bismarck erscheint uns als eine große, freilich große historische Figur, die sich aber immer mehr, die uns aber immer mehr fremd wird, selbst seinem eigenen Volke.
*Aus einer Fernsehsendung des WDR vom 31. März 1965*

A. J. P. TAYLOR

Wenn Sie jetzt in diesem Augenblick einem gewöhnlichen Engländer die Frage setzen «Was denken Sie über Bismarck?». Wenn er je eine Idee über Bismarck hatte, würde er immer noch sagen: «Ah, Bismarck – das war der Mann von Blut und Eisen», würde sagen «Ja, Bismarck war ein Realpolitiker. Er hat diesen schlechten Gang angefangen, der von Bismarck bis zu Hitler läuft. Bismarck hat drei große Kriege in Europa gemacht. Er glaubt nur an die preußische Armee. Er hat gekämpft auch für seine Klasse, die preußischen Junker. Er ist echt konservativ. Er war gegen alle die fortschrittlichen Kräfte in Europa.» Wir Historiker sehen Bismarck jetzt ganz anders. Wir denken nicht in dieser einfachen Kategorie von Idealist und Realpolitiker. Alle Politiker müssen realistisch sein, wenn sie Erfolg haben wollen. Wir sehen, daß Bismarck Ruhe haben wollte für sich selbst, für sein Land, auch für Europa. Sein höchstes Ideal war diese Ruhe. Erst nach dem

Deutsch-Französischen Krieg ist seine Politik gelungen, und er hat, glaube ich, Europa eine große Zeit des Friedens gegeben. Vierzig Jahre Frieden – das war wirklich eine große Sache zu machen.
*Aus einer Fernsehsendung des WDR vom 31. März 1965*


Karl Jaspers

Ich halte das alles für einen Irrtum. Einen klassischen deutschen Nationalstaat, wie es einen französischen und englischen gegeben hat, hat es nie gegeben. Der Nationalstaat bismarckischer Prägung war getragen von der Bevölkerung, war aber in der Tat ein forcierter Nationalstaat mit einer Fülle von Unwahrhaftigkeiten, mit der Notwendigkeit, sich selbst stets als national zu betonen, was Franzosen und Engländer gar nicht tun, mit dem Schwindel, zu meinen, dieser Staat, dieser Kaiserstaat sei die Fortsetzung des mittelalterlichen Kaiserstaates. Das alles hat schon bei mir selbst als Knabe, ohne daß ich es mir klarmachen konnte, ein Widerstreben erzeugt: «Da stimmt etwas nicht.»
*Aus einer Fernsehsendung des WDR vom 31. März 1965*


Eugen Gerstenmaier

Ich weiß, daß es in unserer Zeit noch genug Leute gibt, die so tun, als ob wir den Krieg noch hinterher gewinnen könnten, würden zum Beispiel Sie in Bonn regieren. Ich bin sicher, daß Ihr staatsmännischer Rang sich schon darin beweisen würde, daß Sie einem solchen Illusionismus energisch zu Leibe gingen. Ich glaube aber auch, daß Sie nicht weniger entschieden gegen jene ideenlose Resignation angingen, die sich so oft als nüchterne Einsicht tarnt.

Als Sie anfingen, politisch zu wirken, klagten Männer wie Droysen über «unser armes, müdes, vielgeteiltes Deutschland». Der Fürst Schwarzenberg sagte damals: «Was ist Deutschland? Reden wir überhaupt nicht von Deutschland, es existiert nicht.» Zwanzig Jahre später war es da. Zauber? Nein. Glück? Ja. Aber ein Glück, das auf größte Anstrengung, festen Glauben, eisernen Willen, behutsame Mäßigung und auch auf den entschlossenen Einsatz von Mitteln gegründet war, über die Sie, Herr Reichskanzler, in unserer Zeit nicht mehr verfügen könnten.

Dennoch bleiben Sie für uns mehr als der Mahner zur Einheit der Deutschen. Sie sind für uns noch immer das mächtigste Beispiel dafür, was in der Politik möglich ist. Sie haben uns vorgelebt, wie Politik zwischen Illusion und Resignation als die Kunst des Möglichen betrieben werden und welche Verheißung sie als solche haben kann – wenn es Gott gefällt.

*In: Die Welt, 27. März 1965*

WILLY BRANDT

Bismarck gelang die Einigung nach außen; die Einigung nach innen gelang nicht. Es mag manchen wundern, daß der Vorsitzende der deutschen Sozialdemokraten den Genius Bismarcks heute so unbefangen sieht. Er kann es auch, weil die Geschichte selbst, unterstützt von dem Mittelmaß seiner Nachfolger, das Reich zerstört hat, während die Forderungen, wegen derer Bismarck die Sozialdemokraten zum Reichsfeind machte, über alle Wirren der Geschichte hinweg anerkannter und nicht mehr umstrittener Besitz der deutschen Wirklichkeit geworden sind. Es erscheint fast tragisch, daß auch diesem Manne nicht möglich war, das Gesetz außer Kraft zu setzen, wonach viel Schatten sein muß, wo viel Licht ist. Wir sind nach außen nur so stark, wie wir es nach innen sind. Für die demokratische Entwicklung in Deutschland war Bismarck mit seinem Vorurteil von einem über den Bürger thronenden Staat leider ein Unglück.

*In: Die Welt, 27. März 1965*

ERICH MARCKS

Der ewige Heimatboden blickt durch alle Wellen dieses großen Daseins hindurch; er war ein Deutscher, so, wie wir das deutscheste am deutschen Wesen zusammenfassend und steigernd preisen und in unseren Großen suchen und wiederfinden; ein Niederdeutscher im besonderen. Aber wie hat ihn die Liebe und das Verständnis seiner oberdeutschen Volksgenossen ergriffen! Er war das alte Preußen gewesen und ist Preuße geblieben: in seinen letzten Jahren so deutlich wie je. Er war seit einem Menschenalter Deutscher geworden und blieb und war das erst recht, ein Bindeglied zwischen seinem alten Staate und allem neuen Deutschen, ein Symbol nun auch des neuen Deutschlands und Deutschtumes, das unter seinem Eindrucke erstand. Staatsgesinnung und Wirklichkeitsgeist, das sahen wir, hatte er mitgebracht und das trieb er der Gegenwart und der Zukunft ins Blut. Auch das junge Deutschland, das ihm in Hamburg nahe war und das über die Meere hinausdrang in die weiteste Welt, empfand sich als Bismarcks gleichen. Das Stärkste in Bismarck blieb das Stärkste im neuen Deutschland: die auf das Handeln gerichtete, gesunde Kraft...

Er ist das Eisen im Blute dieser neuen Zeit, der Granit, auf dem ihre Mauern sich erheben. Er lebt sein Leben weiter und wächst und wandelt sich im Laufe der Geschichte, wie alle lebendigen Helden eines Volkes es tun. Er wird allgemach zum Gemeinbesitz aller, auch derer, die den Lebenden dereinst bekämpft haben und die er bekämpfte. Der große Krieg, den er einst gerungen hat abzuwenden und der doch um sein eigenstes Erbe geführt wird, als Prüfung und wie wir vertrauen als Bewährung und als Belebung, er hat Bismarck, scheinbar plötzlich, ganz an die Spitze seines Deutschlands gerufen: seine Einwirkung sprang mit einem Male aus allen Tiefen unseres Daseins hervor; was er in Nöten umstritten hatte, das erwies sich in überraschender Größe als seelisches Eigentum der ganzen Nation: Staat, Einheit, Reich und Macht. Seine Reden hallen von neuem durch Deutschland hin, und neben Friedrich dem Großen und Blücher, neben Kaiser Wilhelm und Moltke zieht er segnend und stärkend mit auf die Schlachtfelder hinaus. Der Gedanke der Nation hat sich breit und tief ausgewachsen, über seine Tage hinaus, und durchdringt unser Leben. Seine irdische Gestalt mit ihren unvergeßlich und unerschöpflich menschlichen Zügen wird ihre Fragen von neuem stellen und an jedes neue Geschlecht, an dessen historische Erkenntnis, und dessen politischen Willen. Seine ewige Gestalt, das, was er als Name und Begriff, als Idee des Deutschen, überpersönlich und beinah unpersönlich, dem Deutschtum bedeutet, das schwebt wie ein Feuerzeichen in Dunkel und Nacht vor seinem Volke einher, es wird mit seinem Volke aufsteigen und müßte mit ihm versinken. Es ist unser Glaube an Deutschland, daß auch dieser Bismarck leben und wachsen wird, und daß seine beste und größte Wirkung und Wirklichkeit noch vor ihm liegt.

*Bismarck. Eine Biographie. 1915*

JOHANNES ZIEKURSCH

Das Einigungswerk Bismarcks war vollendet, mit zahllosen Lorbeerkränzen der Bau geschmückt, aber er war nicht nach den Wünschen der Mehrheit des deutschen Volkes oder wenigstens der führenden politischen Schichten aufgeführt worden, sondern die im alten Preußen herrschenden Mächte, der Adel, das Offizierskorps und das Beamtentum, hatten im Bunde mit der Dynastie zunächst in Preußen ihre Stellung behauptet, und dann ihre Hand auf Kleindeutschland gelegt. Im Innern bestanden daher arge Spannungen und von außen drohte die Mißgunst der Deutschland umringenden Völker. Trotz aller dieser Hindernisse führte Bismarck dieses Deutschland auf die Höhe eines bisher unbekannten Ruhmes und einer nie gesehenen Macht, aber als er von seinem Amte zurücktreten mußte, hinterließ er eine Staatsmaschine, die niemand mehr zu leiten und lenken vermochte. Wie der erste Napoleon, so konnte auch ein Bismarck keinen Nachfolger finden ...

Der Weg, den Bismarck im Frühjahr 1890 einschlagen wollte, hätte über Blut und Leichen anfangs zu einem vergänglichen Erfolge, für die weitere Zukunft aber um so sicherer ins Verderben geführt. Der Kaiser war durchaus im Recht, wenn er sich weigerte, auf Bismarcks Kampfespläne einzugehen, und die von ihm geforderte Arbeiterschutzgesetzgebung war für eine gesunde Entwicklung der deutschen Industrie unentbehrlich. Allein mit ein paar Gesetzen über Sonntags-, Frauen- und Kinderarbeit war die Kluft, die die deutschen Arbeiter von der bürgerlichen Gesellschaft trennte, nicht auszufüllen; wer die Arbeiter versöhnen, wer die innere nationale Einheit herstellen wollte, mußte das Deutsche Reich von Grund aus umgestalten. Der Sturz Bismarcks konnte nur durch einen Bruch mit Bismarcks Staatsform gerechtfertigt werden; der 18. März 1890 mußte zur Revolution wie der 18. März 1848 werden. Wie damals der bürokratische Absolutismus fiel, hätte mit Bismarck der konstitutionell verbrämte Absolutismus fallen müssen. Wenn diese Folge nicht eintraf, dann war es nicht politischer Scharfblick, der zu Bismarcks Entlassung führte, sondern jugendliche Unerfahrenheit und Überhebung, machtlüsterner Ehrgeiz und herrschsüchtiger Stolz, Empfindsamkeit, Eitelkeit und Furcht vor der Gefahr.

Bismarck fiel wie der gehörnte Siegfried, an der einzigen Stelle getroffen, an der er verwundbar war, in seiner Abhängigkeit von dem Monarchen. Den Reichsgründer jetzt durch einen regelmäßige und anhaltende Arbeit scheuenden Vertreter des mystischen Glaubens an das Gottesgnadentum der Herrscher zu ersetzen, mußte Deutschland zum Verhängnis ausschlagen. Den über Bismarcks Sturz jubelnden Freisinnigen rief der damals in London von Bernstein herausgegebene «Sozialdemokrat» zu: «Wartet doch ab, Hohenzollernabsolutismus für Kanzlerabsolutismus, das ist ein sehr zweifelhafter Gewinn.»

*Politische Geschichte des neuen deutschen Kaiserreiches. 1925–30*

Erich Eyck

Aber auch die ernste eindringende Beschäftigung mit seiner Persönlichkeit und seinem Werk hat seitdem nie ausgesetzt. Wer immer sich in die Geschichte Deutschlands oder Europas während der zweiten Hälfte des neunzehnten Jahrhunderts vertiefte, mußte zu Bismarck Stellung nehmen, und das Urteil über ihn durchläuft alle Schattierungen vom strahlendsten Weiß bis zum tiefsten Schwarz.

Aber niemand, wo immer er steht, kann verkennen, daß er die zentrale und beherrschende Figur seiner Zeit ist und mit ungeheurer Kraft und tyrannischer Energie ihr die Wege gewiesen hat. Und niemand kann sich der faszinierenden Anziehungskraft dieses Menschen entziehen, der im guten wie im bösen immer eigenartig und immer bedeutend ist. Er konnte geschmeidig sein wie ein Höfling, fein und geistreich wie ein Marquis der alten Schule, spöttisch und satirisch wie Heinrich Heine, zartfühlend und weich wie ein Poet – aber auch hart und brutal wie ein Despot der Renaissance, verschlagen wie ein Fuchs, und mutig wie ein Löwe. Größeren Reichtum hat die Natur nur selten in einer Person vereinigt. Aber den Sinn für Recht und Gerechtigkeit hat sie ihm versagt.

So steht Otto von Bismarck unter den Großen der Weltgeschichte, eine Gestalt nicht zum Lieben, geschweige denn zum Nacheifern, aber zum Erforschen und Studieren und – bei aller Kritik und allem Vorbehalt – zum Bewundern.

*Bismarck. Leben und Werk. 1941–44*

Die Einigung des deutschen Volkes im Herzen und Zentrum des europäischen Kontinents, die Ausschließung Österreichs aus Deutschland wie aus Italien, der Sturz Napoleons III. und seines Kaiserreichs, die Niederlage Frankreichs und infolge davon der dauernde Gegensatz zwischen Frankreich und Deutschland, das Bündnis des Deutschen Reiches mit der Habsburg-Monarchie, die Zerstückelung des Königreichs Dänemark – das alles sind Ereignisse, welche die Geschichte Europas bis zum ersten Weltkrieg entscheidend bestimmt haben, und sie alle sind Bismarcks Taten. Jedermann sieht das. Aber was nicht so auf der Hand liegt, und doch nicht weniger bedeutsam und weitreichend ist, das ist die Umbildung des Geistes und der Denkart des deutschen Volkes, und auch das ist Bismarcks Werk.

Für die meisten Menschen, besonders außerhalb Deutschlands, ist Bismarck der Mann von «Blut und Eisen». Nicht ohne Grund! Er selbst hat diese Wendung geprägt, und er hat, wie wir sehen werden, oft in ihrem Geiste gehandelt. Aber er war weit mehr als das. Er war allen Staatsmännern seiner Zeit geistig überlegen, und diese Überlegenheit wurde nicht nur von seinem eigenen Volk anerkannt, sondern von den fremden Staatsmännern ganz Europas.

*Bismarck und das Deutsche Reich. 1955*

Arnold Oskar Meyer

Unsre eigne Zeit hat einen andern Einwand gegen Bismarcks Staatskunst erhoben: sein politisches Denken sei vom Staate ausgegangen, nicht vom Volke. Gewiß war sein Ausgangspunkt der Staat, sein Endziel aber das Volkswohl. So war es zu allen Zeiten bei allen großen Staatsmännern. Bismarck's Aufgabe, die zersplitterten Kräfte des deutschen Volkes zusammenzufassen und dann dem geeinten Volk zu der ihm gebührenden Geltung in Europa zu helfen, war eine rein staatliche Aufgabe, nur durch staatliche Machtmittel zu lösen. Die Deutschen zu einer Nation zu machen, war sein höchster Ehrgeiz. Daß diese Aufgabe ohne das Schwert nicht zu lösen war, haben die Blätter dieses Buches zu erweisen gesucht. Bismarck hat die Einigung als Pflicht der Nation gegen sich selbst empfunden. Er hat bestritten – in einem Gespräch mit Benedetti am Vorabend des 66er Krieges –, daß ein Bruchteil des Volkes über sich selbst bestimmen dürfe; nur das Volk als Ganzes dürfe die Selbstbestimmung üben. Von diesem Selbstbestimmungsrecht hat er dem deutschen Volke mit dem allgemeinen Wahlrecht eher zu viel als zu wenig gegeben. Wer ihn darum tadelt, der tadelt zugleich das deutsche Volk als unwert des ihm geschenkten Vertrauens.

*Bismarck. Der Mensch und der Staatsmann. 1944*

# BIBLIOGRAPHIE

Eine Bibliographie im Anschluß an eine Bismarck-Biographie, die als Taschenbuch erscheint, kann bei der fast unüberschaubar gewordenen Bismarck-Literatur notwendigerweise nur eine begrenzte Auswahl aus den vorliegenden Darstellungen und Quellenpublikationen enthalten. Diese Auswahl, die als solche keine Wertung darstellt, soll dem historisch interessierten Leser ein Hilfsmittel bieten, um sich über die verschiedenen Wendepunkte im Leben Bismarcks und über die vielschichtigen Aspekte seines innen- und außenpolitischen Handelns an Hand der Quellen und von möglichst neueren Darstellungen näher informieren zu können.

## 1. Quellen

Bismarck, Otto Fürst v., Die gesammelten Werke. 15 Bde. Berlin 1924–1935 (Friedrichsruher Ausgabe)
  Bd. 1–6c: Politische Schriften
  Bd. 7–9: Gespräche
  Bd. 10–13: Reden
  Bd. 14,1–14,2: Briefe
  Bd. 15: Erinnerung und Gedanke. Krit. Neuausgabe, hg. von G. RITTER und R. STADELMANN
  [Neben der Friedrichsruher Ausgabe existiert noch eine Vielzahl von Einzelausgaben.]

Die auswärtige Politik Preußens 1858–1871. Berlin 1932 f
Bismarck, Otto v., Werke in Auswahl. Jahrhundertausgabe zum 23. Sept. 1862, hg. von GUSTAV ADOLF REIN, WILHELM SCHÜSSLER, ALFRED MILATZ. Stuttgart 1962 [Bisher 3 Bde. erschienen.]
Fürst Bismarcks Briefe an seine Braut und Gattin. Hg. von H. v. BISMARCK. 2 Bde. Stuttgart $^8$1926
Bismarck-Briefe, ausgew. und eingeleitet von H. ROTHFELS. Göttingen 1955
Bismarck und der Staat. Eingeleitet von H. ROTHFELS. Darmstadt $^2$1953
Die politischen Reden des Fürsten Bismarck. Histor.-krit. Gesamtausgabe, besorgt von HORST KOHL. 14 Bde. Stuttgart 1892–1905
Bismarck und die nordschleswigsche Frage 1864–1879. Die diplomatischen Akten des Auswärtigen Amtes zur Geschichte des Artikels V des Prager Friedens. Hg. von W. PLATZHOFF, K. RHEINDORF, J. TIEDJE. Berlin 1925
Bismarck und der Bundestag. Neue Berichte Bismarcks aus Frankfurt/Main 1851–1859. Hg. von HEINRICH V. POSCHINGER. Berlin 1906
[BISMARCK, HERBERT GRAF VON:] Staatssekretär Graf Herbert von Bismarck. Aus seiner politischen Privatkorrespondenz. Hg. und eingel. von WALTER BUSSMANN. Göttingen 1964
Bismarck-Jahrbuch. Hg. von HORST KOHL. Berlin 1894 f
Bismarck and the Hohenzollern Candidature for the Spanish Throne. The documents in the German diplomatic archives edited with an Introduction by GEORGES BONNIN. London 1957

Neue Tischgespräche und Interviews. Hg. von Heinrich v. Poschinger. 2 Bde. Stuttgart 1895–1899
Briefe, Aktenstücke und Regesten zur Geschichte der hohenzollernschen Thronkandidatur in Spanien 1866–1870. Hg. von R. Fester. Leipzig und Berlin 1913
Der Deutsch-Dänische Krieg. Hg. vom Großen Generalstab. 2 Bde. Berlin 1886/87
Deutscher Liberalismus im Zeitalter Bismarcks. Hg. von P. Wentzcke und J. Heyderhoff. 2 Bde. Bonn 1925–1927
Documents diplomatiques français, 1871–1914. 41 Bde. Paris 1929–1959
Die Große Politik der europäischen Kabinette 1871–1914. Hg. von J. Lepsius, A. Mendelssohn-Bartholdy, F. Thimme. 40 Bde. Berlin 1922–1927
Kaiser Friedrich III., Tagebücher 1848–66. Hg. von H. O. Meisner. Leipzig 1929
Kohl, Horst: Bismarck-Regesten. 2 Bde. Leipzig 1891/92
Krausnick, Helmut: Neue Bismarck-Gespräche. Hamburg ²1940
Oncken, Hermann: Die Rheinpolitik Napoleons III. von 1863 bis 1870 und der Ursprung des Krieges von 1870/71. Berlin 1926
Les Origines diplomatiques de la Guerre de 1870/71. Paris 1910 f
Preußen im Bundestag 1851–1859, Dokumente der K. Preuß. Bundestags-Gesandtschaft. Hg. von Heinrich v. Poschinger. 4 Bde. Leipzig 1882–1884
Die politischen Berichte des Fürsten Otto von Bismarck aus Petersburg und Paris (1859–1862). Hg. von L. Raschdau. 2 Bde. Leipzig 1920
Quellen zur deutschen Politik Österreichs 1859–1866. Hg. von H. v. Srbik. 5 Bde. Berlin 1934–1938
Ursprung und Geschichte des Artikels V des Prager Friedens. Die deutschen Akten zur Frage der Teilung Schleswigs 1863–79. Hg. von Fritz Hähnsen. 2 Bde. Breslau 1929

## 2. Biographien

Bainville, Jacques: Bismarck. Paris o. J.
Eyck, Erich: Bismarck. Leben und Werk. Bd. 1–3. Erlenbach–Zürich 1941–1944
Grant Robertson, C.: Bismarck. London 1948
Grünwald, Constantin de: Bismarck. Paris 1949
Hahn, Ludwig: Fürst von Bismarck. Sein politisches Leben und Wirken. 5 Bde. Berlin 1878–1891
Lehmann, Max: Bismarck. Eine Charakteristik. Berlin 1948
Lenz, Max: Geschichte Bismarcks. Leipzig ⁴1913
Ludwig, Emil: Bismarck. Geschichte eines Kämpfers. Berlin 1926/27
Marcks, E.: Bismarck. Eine Biographie, 1815–48. Stuttgart–Berlin ²¹1951
Marcks, E.: Bismarck und die deutsche Revolution 1848–51. Hg. von W. Andreas. Stuttgart 1939
Meyer, A. O.: Bismarck. Der Mensch und der Staatsmann. Leipzig 1944
Mommsen, W.: Bismarck. Ein politisches Lebensbild. München 1959
Penzler, Joh.: Geschichte des Fürsten Bismarck. 2 Bde. Berlin 1907

REINERS, LUDWIG: Bismarck. 2 Bde. München 1957
RICHTER, WERNER: Bismarck. Frankfurt a. M. 1962
SCHAEFER, DIETRICH: Bismarck. Ein Bild seines Lebens und Wirkens. 2 Bde. Berlin 1917
TAYLOR, A. J. P.: Bismarck. The Man and the Statesman. London ²1955
VALLOTTON, HENRY: Bismarck. Paris 1961

## 3. Einzelne Probleme

AUGST, RICHARD: Bismarck und Leopold von Gerlach. Ihre persönlichen Beziehungen und deren Zusammenhang mit ihren politischen Anschauungen. Leipzig 1913
AUGST, RICHARD: Bismarcks Stellung zum parlamentarischen Wahlrecht. Leipzig 1917
BAUMGARTEN, OTTO: Bismarcks Religion. Göttingen 1922
BECKER, OTTO: Bismarcks Ringen um Deutschlands Gestaltung. Hg. und ergänzt von Alexander Scharff. Heidelberg 1958
BETHGE, ERNST: Politische Generale, Kreise und Krisen um Bismarck. Berlin 1930
BIGLER, KURT: Bismarck und das Legitimitätsprinzip bis 1862. Winterthur 1955
BRANDENBURG, ERICH: Untersuchungen und Aktenstücke zur Reichsgründung. Leipzig 1916
BRANDENBURG, ERICH: Die Reichsgründung. 2 Bde. Leipzig ²1923
BUSCH, MORITZ: Graf Bismarck und seine Leute während des Krieges mit Frankreich. 2 Bde. Leipzig ³1879
DARMSTAEDTER, FRIEDRICH: Bismarck and the Creation of the Second Reich. London 1948
DAWSON, W. H.: Bismarck and State Socialism. London 1890
DAWSON, W. H.: The German Empire 1867–1914 and the Unity Movement. London 1919
DELBRÜCK, HANS: Bismarcks Erbe. Berlin–Wien 1915
EPPSTEIN, GEORG V.: Fürst Bismarcks Entlassung. Berlin 1920
EPPSTEIN, GEORG V.: Bismarcks Staatsrecht. Berlin ²1923
EYCK, ERICH: Bismarck und das Deutsche Reich. o. O. 1955
FISCHER-FRAUENDIENST, IRENE: Bismarcks Pressepolitik. Münster i. W. 1963
FRANZ, GEORG: Kulturkampf. München 1954
FRANZ, GÜNTER: Bismarcks Nationalgefühl. Leipzig–Berlin 1926
FRIEDE, DIETER: Der verheimlichte Bismarck. Würzburg 1960
FRIEDJUNG, HEINRICH: Der Kampf um die Vorherrschaft in Deutschland 1859–1866. 2 Bde. Stuttgart–Berlin ¹⁰1916–1917
GAGLIARDI, E.: Bismarcks Entlassung. 2 Bde. Tübingen ²1941
GRAND CARTERET, JOHN: Bismarck en Caricatures. Paris o. J.
HEADLAM, JAMES W.: Bismarck and the Foundation of the German Empire. 3rd rev. ed. New York and London 1922
HOFMANN, HERMANN: Fürst Bismarck 1890–1898. 3 Bde. Stuttgart–Berlin–Leipzig 1914–1922
KOBER, H.: Studien zur Rechtsanschauung Bismarcks. Tübingen 1960

Kohut, A.: Bismarcks Urteil über Frankreich, Rußland und England. Berlin 1914
Kohut, A.: Bismarcks Beziehungen zu Ungarn. Berlin 1915
Krauel, R.: Die Bekenntnisse des jungen Bismarck. Freiburg i. B. 1901
Küntzel, G.: Bismarck und Bayern in der Zeit der Reichsgründung. Frankfurt a. M. 1910
Lange, Karl: Bismarcks Sturz und die öffentliche Meinung in Deutschland und im Auslande. Berlin–Leipzig 1927
Lange, Karl: Bismarck und die norddeutschen Kleinstaaten im Jahre 1866. Berlin 1930
Liman, P.: Bismarck nach seiner Entlassung. 2 Bde. Leipzig 1901
Ludwig, Karl: Bismarck und die Religion. In: Christentum und Wirklichkeit 1929
Ludwig, Karl: Bismarcks religiöses Ringen. Nürnberg 1930
Mayer, G.: Bismarck und Lassalle. Berlin 1927
Meyer, A. O.: Bismarcks Kampf mit Österreich am Bundestag zu Frankfurt (1851–1859). Berlin 1927
Meyer, A. O.: Bismarcks Friedenspolitik. München 1930
Meyer, A. O.: Bismarcks Glaube. Nach neuen Quellen aus dem Familienarchiv. München 1936
Mielcke, K.: Bismarck in der neueren Forschung. Braunschweig 1954
Mommsen, W.: Bismarcks Sturz und die Parteien. Stuttgart–Berlin–Leipzig 1924
Mommsen, W.: Stein. Ranke. Bismarck. München 1954
Muralt, Leonhard von: Bismarcks Reichsgründung vom Ausland gesehen. Stuttgart 1948
Muralt, Leonhard von: Bismarcks Verantwortlichkeit. Göttingen 1955
Naujoks, E.: Die katholische Arbeiterbewegung und der Sozialismus in den ersten Jahren des Bismarckschen Reiches. Berlin 1939 [Diss.]
Nirrnheim, Otto: Das erste Jahr des Ministeriums Bismarck und die öffentliche Meinung. Heidelberg 1908
Nolde, B. Baron v.: Die Petersburger Mission Bismarcks 1859–1862. Leipzig 1936
Oehlmann, Klaus: Die deutsche Politik Bismarcks 1862–1871 im Urteil der belgischen Diplomatie. Göttingen 1954 [Diss.]
Orloff, N.: Bismarck und Katharina Orloff. München 1936
Pank, Oskar: Im Bismarckschen Hause. Halle a. S. 1929
Penzler, P.: Fürst Bismarck nach seiner Entlassung. 7 Bde. Leipzig 1897–1898
Pflanze, Otto: Bismarck and the Development of Germany. The period of unification, 1815–1871. Princeton 1963
Poschinger, Heinrich v.: Fürst Bismarck und der Bundesrat. 5 Bde. Stuttgart–Leipzig 1879–1901
Rein, Gustav Adolf: Die Revolution in der Politik Bismarcks. Göttingen 1957
Rein, Gustav Adolf: Die Reichsgründung in Versailles. München 1958
Renouvin, Pierre: L'Empire allemand du temps de Bismarck. Paris 1950 (Centre de Documentation Universitaire)

Rentsch, H. U.: Bismarck im Urteil der schweizerischen Presse 1862–1898. Basel 1945 [Diss.]
Ritter, G.: Die preußischen Konservativen und Bismarcks Deutsche Politik, 1858–76. Heidelberg 1913
Rothfels, Hans: Bismarck, der Osten und das Reich. Darmstadt ²1960
Saitschick, Robert: Bismarck und das Schicksal des deutschen Volkes. Zur Psychologie und Geschichte der deutschen Frage. Basel 1949
Scheel, O.: Bismarcks Wille zu Deutschland in den Friedensschlüssen 1866. Breslau 1934
Schieder, Th.: Die Bismarcksche Reichsgründung als gesamtdeutsches Ereignis. In: Stufen und Wandlungen der deutschen Einheit. Stuttgart 1943
Schieder, Th.: Bismarck und Europa. In: Deutschland und Europa. Festschrift für H. Rothfels. Düsseldorf 1951
Schieder, Th.: Das deutsche Kaiserreich von 1871 als Nationalstaat. Köln–Oplanden 1961
Schmidt, Werner: Bismarck in der englischen Geschichtsschreibung von den Zeitgenossen bis zur Gegenwart. Berlin ²1956 [Diss.]
Schulze, Heinz: Die Presse im Urteil Bismarcks. Berlin 1931
Schüssler, W.: Bismarcks Sturz. Leipzig 1922
Schüssler, W.: Königgrätz 1866. München 1958
Schweitzer, Carl: Bismarcks Stellung zum christlichen Staat. Berlin 1923
Seeberg, Reinhold: Das Christentum Bismarcks. Berlin 1915
Stollberg-Wernigerode, Albrecht Graf zu: Zurück zu Bismarck. Berlin 1926
Thadden-Trieglaff, Reinhold von: Der junge Bismarck. Eine Antwort auf die Frage: «War Bismarck Christ?». Hamburg 1950
Valentin, V.: Bismarcks Reichsgründung im Lichte englischer Diplomaten. Amsterdam 1937
Vallotton, Henry: Bismarck et Hitler. o. O. 1954
Wahl, A.: Vom Bismarck der 70er Jahre. Tübingen 1920
Walther, K.: Bismarck in der französischen Karikatur. Berlin 1898
Wertheimer, Eduard von: Bismarck im politischen Kampf. Berlin 1930
Westphal, O.: Feinde Bismarcks. Geistige Grundlagen der deutschen Opposition 1848–1918. München–Berlin 1930
Zechlin, Egmont: Bismarck und die Grundlegung der deutschen Großmacht. Stuttgart ²1960

## 4. Außenpolitik

Becker, O.: Bismarck und die Einkreisung Deutschlands. 2 Bde. Berlin 1923–1925
Bierling, A.: Die Entscheidung von Königgrätz in der Beurteilung der deutschen Presse. Leipzig 1932 [Diss.]
Böthlingk, Arthur: Bismarck und das päpstliche Rom. Berlin 1911
Clark, C. W.: Franz Joseph and Bismarck. Cambridge 1934
Dittrich, Jochen: Bismarck, Frankreich und die spanische Thronkandidatur der Hohenzollern. Die «Kriegsschuldfrage» von 1870. München 1960

DRAPEYRON, LUDOVIC: L'Œuvre géographique du prince de Bismarck (1862–1890). Paris 1890
FESTER, R.: Die Genesis der Emser Depesche. Berlin 1915
GAWRONSKI, ERICH: Bismarcks Formen des außenpolitischen Handelns bis zur Reichsgründung. Kiel 1931 [Diss.]
GEUSS, H.: Bismarck und Napoleon III. Köln–Graz 1959
GOLDSCHMIDT, HANS: Bismarck und die Friedensunterhändler 1871. Berlin–Leipzig 1929
HAGEN, M. v.: Bismarcks Kolonialpolitik. Stuttgart–Gotha 1923
HATZFELD, K.: Das deutsch-österreichische Bündnis von 1879 in der Beurteilung der politischen Parteien Deutschlands. Marburg 1938 [Diss.]
HAUSCHILDT, WALTER: Bismarcks politische Strategie in der schleswig-holsteinischen Frage. Kiel 1942 [Diss.]
HELLER, E.: Das deutsch-österreichisch-ungarische Bündnis in Bismarcks Außenpolitik. Berlin 1925
HERZFELD, H.: Die deutsch-französische Kriegsgefahr von 1875. Berlin 1922
HERZFELD, H.: Deutschland und das geschlagene Frankreich. Berlin 1924
HOLBORN, HAJO: Bismarcks europäische Politik zu Beginn der 70er Jahre und die Mission Radowitz. Berlin 1925
HOWARD, J. E.: The Franco-Prussian War. The German Invasion of France, 1870–1871. London 1962
JACOB, KARL: Bismarck und die Erwerbung Elsaß-Lothringens. Straßburg 1905
KRONENBERG, WILHELM: Bismarcks Bundesreformprojekte 1848–1866. Köln 1953 [Diss.]
KÜHLKEN, F.: Bismarcks Bündnispolitik und Sturz. Weinheim 1952
LANGER, W. L.: European Alliances and Alignments 1871–1890. New York ²1950
LAUBERT, M.: Die preußische Polenpolitik 1772–1914. Berlin ²1942
MAIWALD, S.: Der Berliner Kongreß und das Völkerrecht. Stuttgart 1948
MEYER, A. O.: Die Zielsetzung in Bismarcks schleswig-holsteinischer Politik 1855–64. Kiel 1923
MEYER, A. O.: Bismarcks Orientpolitik. Göttingen 1925
MICHAEL, H.: Bismarck, England und Europa, vorwiegend von 1866–70. München 1930
MOSSE, W. E.: The European Powers and the German Question 1848–71. Cambridge 1958
MURALT, LEONHARD VON: Bismarcks Politik der europäischen Mitte. Wiesbaden 1954
MUSKAT, H.: Bismarck und die Balten. Berlin 1934
RASSOW, P.: Die Stellung Deutschlands im Kreis der großen Mächte. Mainz–Wiesbaden 1959
RATHLET, G.: Zur Frage nach Bismarcks Verhalten in der Vorgeschichte des Deutsch-Französischen Krieges. Jurjew (Dorpat) 1903
RONNEBERGER, FRANZ: Bismarck und Südosteuropa. Berlin 1941
ROTHFELS, HANS: Bismarck. Der Osten und das Reich. Darmstadt 1962
SCHEIDT, H.: Die Konvention von Alvensleben und die Interventionspolitik der Mächte in der polnischen Frage 1863. München 1936 [Diss.]

SCHELLER, ERNST: Bismarck und Rußland. Marburg 1926
SCHLOCHAUER, H. J.: Der deutsch-russische Rückversicherungsvertrag. Leipzig 1931
SCHULTZE, WALTHER: Die Thronkandidatur Hohenzollern und Graf Bismarck. Halle a. S. 1902
SCHÜSSLER, W.: Deutschland zwischen Rußland und England. Studien zur Außenpolitik des Bismarckschen Reiches 1879–1915. Leipzig 4 1940
SCHÜSSLER, W.: Die Daily-Telegraph-Affäre. Göttingen 1952
STÄHLIN, K.: Der deutsch-französische Krieg 1870–71. Heidelberg 1912
STEEFEL, L. D.: The Schleswig-Holstein Question. Cambridge, Mass. 1932 (Harvard Historical Studies. 32)
STEEFEL, L. D.: Bismarck, the Hohenzollern Candidacy and the Origins of the Franco-German War of 1870. Cambridge, Mass. 1962
STOLBERG-WERNIGERODE, ALBRECHT GRAF ZU: Bismarck und die Verständigungspolitik, 1864–1866. Berlin 1929
STOLBERG-WERNIGERODE, ALBRECHT GRAF ZU: Bismarck und die Schleswig-Holsteinische Frage. Kiel 1929
STOLBERG-WERNIGERODE, ALBRECHT GRAF ZU: Deutschland und die Vereinigten Staaten von Amerika im Zeitalter Bismarcks. Berlin–Leipzig 1933
TAYLOR, A. J. P.: Germany's First Bid for Colonies. London 1938
WINCKLER, MARTIN: Bismarcks Bündnispolitik und das europäische Gleichgewicht. Stuttgart 1964
WINDELBAND, WOLFGANG: Bismarck und die europäischen Großmächte 1879–1885. Essen 1940
WITTRAM, R.: Bismarck und Gorcakov im Mai 1875. Göttingen 1955

## 5. Innenpolitik

ANDERSON, EUGENE N.: The Social and Political Conflict in Prussia, 1858–1864. Lincoln, Neb. 1954
ANSCHÜTZ, G.: Bismarck und die Reichsverfassung. Berlin 1899
CONSTABEL, ADELHEID: Vorgeschichte des Kulturkampfes. Quellenveröffentlichungen aus dem Deutschen Zentralarchiv. Berlin 1956
DEMMLER, F.: Bismarcks Gedanken über Reichsführung. Stuttgart 1934
EIGENBRODT, AUG.: Bismarck und der Kronprinz in der Kaiserfrage. Kassel 1901
ERDMANN, GERH.: Die Entwicklung der deutschen Sozialgesetzgebung. Berlin 1948
FRANZ, G.: Kulturkampf. München 1954
GOYAU, G.: Bismarck et l'église. Le culturkampf. 4 Bde. Paris 1911–1913
KAMINSKI, K.: Verfassung und Verfassungskonflikt in Preußen 1862–66. Kiel 1938 [Diss.]
KISSLING, J. B.: Geschichte des Kulturkampfes. 3 Bde. Freiburg i. B. 1911–1916
MOMMSEN, W.: Deutsche Parteiprogramme. Eine Auswahl vom Vormärz bis zur Gegenwart. München ² 1960
MORSEY, R.: Die oberste Reichsverwaltung unter Bismarck 1867–90. Münster i. W. 1957

Pflanze, O.: Die Krise von 1869 in der Innenpolitik Bismarcks. In: Historische Zeitschrift 201/2, Oktober 1965
Picharé, Walter: Die staatsrechtliche Stellung des Reichskanzlers nach der Bismarckschen Reichsverfassung von 1871. München 1951 [Diss.]
Pöls, W.: Sozialistenfrage und Revolutionsfurcht in ihrem Zusammenhang mit den angeblichen Staatsstreichplänen Bismarcks. In: Historische Studien N. F. Heft 377 (1960)
Richter, A.: Bismarck und die Arbeiterfrage im preußischen Verfassungskonflikt. Stuttgart 1935
Rothfels, H.: Prinzipienfragen der Bismarckschen Sozialpolitik. Königsberg 1929
Rothfels, H.: Theodor Lohmann und die Kampfjahre der staatlichen Sozialpolitik (1871–1905). Berlin 1927
Ruhenstroth-Bauer, Renate: Bismarck und Falk im Kulturkampf. Heidelberg 1944
Schmidt, Erich: Bismarcks Kampf mit dem politischen Katholizismus. Hamburg 1942
Schneider, Oswald: Bismarcks Finanz- und Wirtschaftspolitik. München–Leipzig 1912
Schüssler, Wilhelm: Bismarcks Kampf um Süddeutschland 1867. Berlin 1929
Specht, F., und P. Schwabe: Die Reichstagswahlen von 1867 bis 1903. Berlin ² 1904
Stadelmann, Rudolf: Das Jahr 1865 und das Problem von Bismarcks deutscher Politik. München 1933
Toennies, F.: Der Kampf um das Sozialistengesetz 1878. Berlin 1929
Triepel, H.: Zur Vorgeschichte der norddeutschen Bundesverfassung. In: Festschrift für O. v. Gierke. Weimar 1911
Vogel, Walter: Bismarcks Arbeiterversicherung. Ihre Entstehung im Kräftespiel der Zeit. Braunschweig 1951
Vossler, Otto: Bismarcks Sozialpolitik. In: Historische Zeitschrift 167 (1943)
Zechlin, Egmont: Staatsstreichpläne Bismarcks und Wilhelms II. 1890–1894. Stuttgart–Berlin 1929

## 6. Einzelne Persönlichkeiten

Bamberger, Ludwig: Bismarcks großes Spiel. Die geheimen Tagebücher Ludwig Bambergers. Eingel. und hg. von E. Feder. Frankfurt a. M. 1932
Brauer, Arthur von: Im Dienste Bismarcks. Persönliche Erinnerungen. Hg. von Helmuth Rogge. Berlin 1936
Busch, Moritz: Tagebuchblätter. 3 Bde. Leipzig 1899
Keudell, Robert von: Fürst und Fürstin Bismarck, Erinnerungen 1846–1872. Berlin–Stuttgart 1901
Krausnick, H.: Holsteins Geheimpolitik in der Ära Bismarcks 1886–90. Hamburg 1942
Loë, Frhr. v.: Erinnerungen aus meinem Berufsleben 1849–1867. Stuttgart 1906

Lucius von Ballhausen, Robert Frhr.: Bismarck-Erinnerungen. Stuttgart–Berlin 1920
Erinnerungen an Bismarck. Aufzeichnungen von Mitarbeitern und Freunden des Fürsten. Hg. von Erich Marcks und K. A. v. Müller. Stuttgart–Berlin–Leipzig⁶ 1924
Marcks, E.: Kaiser Wilhelm I. Hg. von K. Pagel. München–Leipzig⁹ 1945
Radowitz, Joseph M. v.: Aufzeichnungen und Erinnerungen aus dem Leben des Botschafters J. M. v. Radowitz. Hg. von H. Holborn. 2 Bde. Berlin 1925
Richter, W.: Kaiser Friedrich III. Erlenbach–Leipzig 1938
Stolberg-Wernigerode, Otto Graf zu: Robert Heinrich Graf von der Goltz, Botschafter in Paris 1863–1869. Oldenburg 1941

## 7. Darstellungen der Epoche

Bussmann, W.: Das Zeitalter Bismarcks. In: Handbuch der Deutschen Geschichte. Bd. 3, 2. Teil. Konstanz³ 1956
Clio. Introduction aux études historiques, ed. J. Calmette. Bd. 9. Paris 1934–1954
Herzfeld, Hans: Die moderne Welt 1789–1945. Teil I: Die Epoche der bürgerlichen Nationalstaaten, 1789–1890. Braunschweig⁴ 1964
Marcks, E.: Der Aufstieg des Reiches, Deutsche Geschichte 1807–1871/78. Stuttgart–Berlin 1936
Matter, Paul: Bismarck et son temps. 3 Bde. Paris 1905–1908
Mommsen, Wilhelm: Bismarck und seine Zeit. Leipzig–Berlin 1937
Mommsen, Wilhelm: Geschichte des Abendlandes von der französischen Revolution bis zur Gegenwart, 1789–1945. München 1951
L'Éveil des nationalités et le mouvement libéral par Georges Weil. In: Peuples et civilisations. Histoire générale, ed. L. Halphen et Ph. Sagnac. Bd. 15. Paris 1930
Renouvin, P.: Le 19e siècle. De 1871 à 1914. In: Histoire des relations internationales. Bd. 5. Ed. P. Renouvin. Paris 1955
Schieder, Th.: Das Reich unter der Führung Bismarcks. In: Deutsche Geschichte im Überblick. Hg. von P. Rassow. Stuttgart² 1962
Schnabel, Fr.: Deutsche Geschichte im 19. Jahrhundert. Freiburg i. B.² 1948–1951
Srbik, H. v.: Deutsche Einheit. Idee und Wirklichkeit vom Heiligen Reich bis Königgrätz. 4 Bde. München³ 1940
Sybel, Heinrich von: Die Begründung des deutschen Reiches durch Wilhelm I. 7 Bde. München³ 1913
Taylor, A. J. P.: The Struggle for Mastery in Europe 1848–1918. Oxford 1954
The Zenith of European Power 1830–1870, ed. by J. P. T. Bury. In: The New Cambridge Modern History. Bd. 10. Cambridge 1960
Ziekursch, J.: Politische Geschichte des neuen deutschen Kaiserreiches. 3 Bde. Frankfurt a. M. 1925–1930

# NAMENREGISTER

*Die kursiv gesetzten Zahlen bezeichnen die Abbildungen*

Albrecht Friedrich Rudolf, Erzherzog von Österreich 69, 91
Andrássy, Gyula Graf von 112, *115*
Arnim-Britzen, Malwine von 47, 158, *47*
Augusta, Königin von Preußen 37, 48 f

Bauer, Bruno 15
Benedek, Ludwig Ritter von 69
Benedetti, Vincent Comte 72, 92, 94, *92*
Bennigsen, Rudolf von 125, *125*
Beust, Friedrich Ferdinand Graf von 87, *89*
Bismarck, Herbert von 139, 141, *36, 142*
Bismarck, Johanna von 15 f, 18, 25, 26, 45, 46, 47, 49, 72, 103, 158, *16, 20, 159*
Bismarck, Karl Wilhelm Ferdinand von 8 f, *10*
Bismarck, Luise Wilhelmine von 8, *11*
Bismarck, Malwine von s. u. Malwine von Arnim-Britzen
Bismarck, Marie von s. u. Marie Gräfin von Rantzau
Bismarck, Wilhelm von 143, *36*
Blum, Robert 22
Bötticher, Karl Heinrich von 155
Boulanger, Georges 117, *116*
Bucher, Lothar 154
Byron, Lord George Noël Gordon 15

Caprivi de Caprera de Montecuccoli, Georg Leo Graf von 155, 162
Cavour, Conte Camillo Benso 50
Christian IX., König von Dänemark 58
Clausewitz, Karl von 96

Delbrück, Rudolf von 105, 122, *104*

Disraeli, Benjamin, Earl of Beaconsfield 32

Engels, Friedrich 67

Falk, Adalbert 123
Feuerbach, Ludwig 15
Franz Joseph I., Kaiser von Österreich 54, 117, 155, *118*
Friedrich VII., König von Dänemark 58
Friedrich III., Deutscher Kaiser 47, 53, 69, 73, 135, 138, 141, *51, 139*
Friedrich II. der Große, König in Preußen 25, 31, 47, 49, 75, 140, 141, 142
Friedrich VIII., Herzog zu Schleswig-Holstein-Sonderburg-Augustenburg 58
Friedrich Wilhelm I., König in Preußen 22
Friedrich Wilhelm IV., König von Preußen 18, 22, 31, 32 f, 37, 100, 22
Friedrich Wilhelm, Kronprinz von Preußen s. u. Friedrich III., Deutscher Kaiser

Gablentz, Brüder 65
Gambetta, Léon 96
Gerlach, Ernst Ludwig von 21, 25
Gerlach, Leopold von 18, 21, 25, 26, 29, 30, 32, 34 f, 42, 27
Goethe, Johann Wolfgang von 15
Gortschakow, Fürst Alexander M. 110, *111*

Heeren, Arnold 9
Heine, Heinrich 32
Hohenlohe-Schillingsfürst, Chlodwig Fürst zu 99
Holnstein, Graf 100

Johann, König von Sachsen 54 f

Karl der Große, Kaiser 164
Karl V., Kaiser 33, 92
Karl Anton, Prinz von Hohenlohe-Sigmaringen 92
Kohl, Horst 154

Lasker, Eugen 129, *129*
Lassalle, Ferdinand 39, 56 f, 67, *57*
Leo XIII., Papst 125
Leopold, Prinz von Hohenlohe-Sigmaringen 91
Lohmann, Theodor 131
Ludwig II., König von Bayern 100 f
Ludwig XIV., König von Frankreich 141
Ludwig XVI., König von Frankreich 52

Marx, Karl 67
Mencken, Wilhelmine s. u. Luise Wilhelmine von Bismarck
Metternich, Klemens, Fürst von 30, 110, 152, *30*
Miquel, Johannes von 77, 130, 146
Moltke, Helmuth Graf von 69, 70, 94, 96, 97, *68*
Moltke 157

Napoleon I., Kaiser der Franzosen 8, 34
Napoleon III., Kaiser der Franzosen 34, 42, 64, 65, 70, 72, 74, 75, 77, 80 f, 87, 96, *63, 76, 95*

Orlow, Fürstin Katharina 47, *50*
Orlow, Fürst 47

Prokesch von Osten, Anton Graf 36
Puttkamer, Johanna von s. u. Johanna von Bismarck
von Puttkamer 17

Radowitz, Joseph Maria von 23, 26
Radowitz 113
Rantzau, Marie Gräfin von 162, *36*
Rechberg, Graf 35 f

Richelieu, Armand-Jean Du Plessis de, Kardinal 151
Richter, Eugen 130
Roon, Albrecht Graf von 43 f, 45, 46 f, 52, 59, 84, 94, 121, *48, 84*

Schiller, Friedrich 68
Schlözer, Kurd von 45
Schulze-Delitzsch, Hermann 56
Schwarzenberg, Felix, Fürst zu 30
Schweninger, Ernst 121
Shakespeare, William 15
Simson, Eduard von 21, 100
Stahl, Friedrich Julius 22
Stein, Karl Reichsfreiherr vom und zum 8
Stoecker, Adolf 139, 142,.144
Strafford, Thomas Wentworth, Earl of 52
Strauß, David Friedrich 15

Thadden, Marie von 15 f
Thun, Leo, Graf von 30 f, *31*
Tirpitz, Alfred von 157
Treitschke, Heinrich von 49, 50, 53, 105, 126

Uhland, Ludwig 128

Vincke, Georg, Freiherr von 29
Virchow, Rudolf 122, *123*

Wagener, Hermann 131
Waldersee, Alfred Graf von 142, 148, 150, *143*
Werner, Anton von 103
Wilhelm I., Deutscher Kaiser 37 f, 44 f, 47 f, 51 f, 60, 61 f, 72 f, 77, 81, 91 f, 97, 98, 100 f, 103, 105, 111 f, 116, 118, 127, 135, 138, 145, 157, 162, *39, 54, 70/71, 92, 136*
Wilhelm II., Deutscher Kaiser 105, 134, 138 f, 154 f, 162, *140*
Windthorst, Ludwig 85, 89, 122, 129, 135, 146, 148, 150, 151, *85*

## QUELLENNACHWEIS DER ABBILDUNGEN

Historisches Bildarchiv, Bad Berneck: Umschlag-Vorderseite, Umschlag-Rückseite, 10 unten, 11 oben und unten, 13, 14 oben und unten, 15, 20, 36, 41 unten, 48, 66, 70/71, 102, 104, 112/113, 132, 134, 147, 154/155, 156, 159, 160, 161, 162 / Archiv für Kunst und Geschichte, Berlin: Frontispiz, 10 oben, 16, 19, 24, 31, 44, 47, 55, 73, 85, 89, 92, 116, 123, 125, 126, 129, 136, 139, 142, 148, 157 / Archiv Friedrichsruh: 12, 120, 163 / Rowohlt-Archiv, Reinbek bei Hamburg: 22, 51, 54, 68, 76, 84, 111, 115, 140 / Ullstein-Bilderdienst, Berlin: 25, 27, 30, 39, 40/41 57, 63, 93, 95, 118, 143, 144/145.

# rowohlts monographien

GROSSE PERSÖNLICHKEITEN
DARGESTELLT IN SELBSTZEUGNISSEN UND BILDDOKUMENTEN
HERAUSGEGEBEN VON KURT KUSENBERG

## LITERATUR

ANDERSEN / Erling Nielsen [5]
APOLLINAIRE / Pascal Pia [54]
BAUDELAIRE / Pascal Pia [7]
BECKETT / Klaus Birkenhauer [176]
BENN / Walter Lennig [71]
BERNANOS / Albert Béguin [10]
WOLFGANG BORCHERT / Peter Rühmkorf [58]
BRECHT / Marianne Kesting [37]
BÜCHNER / Ernst Johann [18]
WILHELM BUSCH / Joseph Kraus [163]
CAMUS / Morvan Lebesque [50]
CLAUDEL / Paul-André Lesort [95]
COLETTE / Germaine Beaumont und André Parinaud [11]
DANTE / Kurt Leonhard [167]
DOSTOJEVSKIJ / Janko Lavrin [88]
DROSTE-HÜLSHOFF / Peter Berglar [130]
EICHENDORFF / Paul Stöcklein [84]
THOMAS STEARNS ELIOT / Johannes Kleinstück [119]
FONTANE / Helmuth Nürnberger [145]
GIDE / Claude Martin [89]
GOETHE / Peter Boerner [100]
HAUPTMANN / Kurt Lothar Tank [27]
HEBBEL / Hayo Matthiesen [160]
HEINE / Ludwig Marcuse [41]
HEMINGWAY / G.-A. Astre [73]
HERMANN HESSE / Bernhard Zeller [85]
HÖLDERLIN / Ulrich Häussermann [53]
E. T. A. HOFFMANN / Gabrielle Wittkop-Ménardeau [113]
HOFMANNSTHAL / Werner Volke [127]

JOYCE / Jean Paris [40]
ERICH KÄSTNER / Luiselotte Enderle [120]
KAFKA / Klaus Wagenbach [91]
KELLER / Bernd Breitenbruch [136]
KLEIST / Curt Hohoff [1]
KARL KRAUS / Paul Schick [111]
LESSING / Wolfgang Drews [75]
MAJAKOWSKI / Hugo Huppert [102]
HEINRICH MANN / Klaus Schröter [125]
THOMAS MANN / Klaus Schröter [93]
HENRY MILLER / Walter Schmiele [61]
CHRISTIAN MORGENSTERN / Martin Beheim-Schwarzbach [97]
MÖRIKE / Hans Egon Holthusen [175]
ROBERT MUSIL / Wilfried Berghahn [81]
NESTROY / Otto Basil [132]
NOVALIS / Gerhard Schulz [154]
POE / Walter Lennig [32]
PROUST / Claude Mauriac [15]
RAABE / Hans Oppermann [165]
RILKE / Hans Egon Holthusen [22]
ERNST ROWOHLT / Paul Mayer [139]
SAINT-EXUPÉRY / Luc Estang [4]
SARTRE / Walter Biemel [87]
SCHILLER / Friedrich Burschell [14]
FRIEDRICH SCHLEGEL / Ernst Behler [123]
SHAKESPEARE / Jean Paris [2]
G. B. SHAW / Hermann Stresau [59]
STIFTER / Urban Roedl [86]
DYLAN THOMAS / Bill Read [143]
TRAKL / Otto Basil [106]
TUCHOLSKY / Klaus-Peter Schulz [31]
KARL VALENTIN / Michael Schulte [144]
OSCAR WILDE / Peter Funke [148]

## PHILOSOPHIE

ARISTOTELES / J.-M. Zemb [63]
ENGELS / Helmut Hirsch [142]
GANDHI / Heimo Rau [172]
HEGEL / Franz Wiedmann [110]
HERDER / Friedrich Wilhelm Kantzenbach [164]
JASPERS / Hans Saner [169]
KANT / Uwe Schultz [101]
KIERKEGAARD / Peter P. Rohde [28]
MARX / Werner Blumenberg [76]
MONTAIGNE / Francis Jeanson [21]
NIETZSCHE / Ivo Frenzel [115]
PASCAL / Albert Béguin [26]
PLATON / Gottfried Martin [150]
SCHLEIERMACHER / Friedrich Wilhelm Kantzenbach [126]
SCHOPENHAUER / Walter Abendroth [133]
SOKRATES / Gottfried Martin [128]
SPINOZA / Theun de Vries [171]
RUDOLF STEINER / Johannes Hemleben [79]
VOLTAIRE / Georg Holmsten [173]
SIMONE WEIL / Angelica Krogmann [166]

## RELIGION

AUGUSTINUS / Henri Marrou [8]
SRI AUROBINDO / Otto Wolff [121]
KARL BARTH / Karl Kupisch [174]
MARTIN BUBER / Gerhard Wehr [147]
BUDDHA / Maurice Percheron [12]
FRANZ VON ASSISI / Ivan Gobry [16]
JESUS / David Flusser [140]
LUTHER / Hanns Lilje [98]
PAULUS / Claude Tresmontant [23]
TEILHARD DE CHARDIN / Johannes Hemleben [116]
ZINZENDORF / Erich Beyreuther [105]

## GESCHICHTE

BISMARCK / Wilhelm Mommsen [122]
CAESAR / Hans Oppermann [135]
CHURCHILL / Sebastian Haffner [129]
FRIEDRICH II. / Georg Holmsten [159]
GUTENBERG / Helmut Presser [134]
WILHELM VON HUMBOLDT / Peter Berglar [161]
LENIN / Hermann Weber [168]
ROSA LUXEMBURG / Helmut Hirsch [158]
MAO TSE-TUNG / Tilemann Grimm [141]
NAPOLEON / André Maurois [112]
LEO TROTZKI / Harry Wilde [157]

## PÄDAGOGIK

PESTALOZZI / Max Liedtke [138]

## NATURWISSENSCHAFT

DARWIN / Johannes Hemleben [137]
GALILEI / Johannes Hemleben [156]
ALEXANDER VON HUMBOLDT / Adolf Meyer-Abich [131]

## MEDIZIN

C. G. JUNG / Gerhard Wehr [152]
PARACELSUS / Ernst Kaiser [149]

## KUNST

MAX ERNST / Lothar Fischer [151]
KLEE / Carola Giedion-Welcker [52]
LEONARDO DA VINCI / Kenneth Clark [153]

## MUSIK

BACH / Luc-André Marcel [83]
BARTÓK / Everett Helm [107]
BEETHOVEN / F. Zobeley [103]
CHOPIN / Camille Bourniquel [25]
HÄNDEL / Richard Friedenthal [36]
HAYDN / Pierre Barbaud [49]
MOZART / Aloys Greither [77]
OFFENBACH / Walter Jacob [155]
SCHUBERT / Marcel Schneider [19]
SCHUMANN / André Boucourechliev [6]
RICHARD STRAUSS / Walter Deppisch [146]
TELEMANN / Karl Grebe [170]
VERDI / Hans Kühner [64]
WAGNER / Hans Mayer [29]

---

Zu beziehen durch Ihre Buchhandlung.
Ein ausführliches Verzeichnis aller lieferbaren Taschenbücher fordern Sie bitte vom Rowohlt Taschenbuch Verlag, 2057 Reinbek bei Hamburg.

Europa im Blickwinkel eines Publizisten mit jahrzehntelanger journalistischer Erfahrung.

Kurt Wessel

# Seitenblicke auf Europa

198 Seiten Text und 16 Seiten Abbildungen.
Leinen 24 DM

Hat Europa noch eine Zukunft? Der Autor, Chefredakteur einer süddeutschen Tageszeitung und bekannter Fernseh- und Rundfunkkommentator, gibt dem Leser aus einer persönlichen Perspektive heraus weiträumige Orientierungshilfen – gleichermaßen bedeutend für Utopisten und Realisten. Keineswegs frei von Ironie und echter Skepsis, von der man – wie Jacob Burckhardt meint – nie genug haben kann, informiert dieser scharfsinnige Individualist und erfahrene Europäer in großen Zusammenhängen über europäische Kultur, Politik und Wirtschaft.

## Bruckmann München